21세기 사도신경 해설

21세기 사도신경 해설

2001년 3월25일 초판 1쇄 발행
2014년 2월20일 초판 5쇄 발행

지은이 | 이상원
펴낸이 | 박영호
펴낸곳 | 도서출판 솔로몬

주소 | 서울시 동작구 사당 3동 207-3 신주빌딩 1층
전화 | 599-1482
팩스 | 592-2104
직영서점 | 596-5225

등록일 | 1990년 7월 31일
등록번호 | 제 16-24호

ISBN 89-8255-292-8

21세기 사도신경 해설

이상원 저

[서 문]

사도신경은 기독교인이라면 반드시 알고 고백해야 할 하나님에 관한 지식을 요약해 놓은 잘 짜여진 신앙고백서입니다. 사도신경은 500년이 넘는 기간동안 성령의 역사하심 안에서 진행된 많은 기도와 토론과 연구의 결과가 훌륭하게 집약된 문헌으로서 무거운 권위를 가지며, 바른 기독교와 그릇된 기독교를 구분하는 기준의 역할을 합니다. 오늘날 다양한 신학과 은사운동과 예배 및 찬양운동들이 우후죽순처럼 등장하여 기독교의 바른 모습을 찾기 어려워져 가고 있는 현실을 감안할 때 사도신경을 깊이있게 공부함으로써 바른 기독교의 모습과 기독교인의 정체성을 확인하는 일은 건강하고 바른 교회를 세우고 유지하기 위해서도 꼭 필요합니다. 본서는 이와같은 시대적 요청에 부응하기 위하여 집필되었습니다.

본서의 강의초안은 본인이 1997년 독일 부퍼탈한인선교교회를 담임했을 때 행했던 주일 낮 설교를 위하여 준비되었습니다. 그 후에 본인이 유학생활을 마치고 1998년에 귀국한 후, 이 강의초안은 수정과 보완을 거쳐서 서울 구의동에 소재한 동원교회에서 장년성도들을 대상으로 강의되었습니다. 이제 이 내용을 다시 정리하여 독자 여러분 앞에 내어놓게 된 것을 하나님께 감사드립니다. 본서가 부족하나마 사도신경을 공부하기를 원하는 신학생들 뿐만 아니라 특히 평신도들을 위한 교육자료로 활용될 수 있기를 바랍니다.

본서를 준비하는 과정에는 많은 책들이 직접적으로 또는 간접적으로 참고 되었습니다. 그 가운데 중요한 문헌들을 열거해 본다면 다음과 같습니다. 손봉호의 『사도신경강해설교』, 제임스 패커의 『사도신경 교재』, 리차드 개핀의 『성령은사론』, 존 스토트의 『오늘날의 성령의 사역』, 차영배의 『개혁교의학: 삼위일체론(신론)』, J.M.D. 켈리의 『고대기독교 교리사』, 롤랑 베인튼의 『마르틴 루터의 생애』, 윌리엄 레인의 『마가복음주석』 등이 비중있게 반영되었고, 그밖에도 많은 문헌들의 영향이 글에 녹아 들어가 있습니다.

본 강의가 진행되는 동안 같이 은혜를 나누었던 부퍼탈한인선교교회와 동원교회 성도들에게 고마운 마음을 전하며, 항상 기도와 적절한 조언을 아끼지 않은 아내, 그리고 예쁜 세 딸과 출간의 기쁨을 함께 하고자 합니다. 무엇보다도 이 글의 출판을 흔쾌히 허락해 주신 솔로몬출판사의 박영호 사장님께 감사드립니다.

아무쪼록 본서를 읽는 독자들에게 주 예수 그리스도를 아는 고상한 지식이 넘쳐서 마음과 생활이 하나님께 한발 더 가까이 나아가는 은혜가 있기를 기도드리면서 서문을 대신합니다.

2001년 2월 6일

이 상 원

차례

사도신경

전능하사 천지를 만드신 하나님 아버지를 내가 믿사오며, 그 외아들 우리 주 예수 그리스도를 믿사오니, 이는 성령으로 잉태하사 동정녀 마리아에게 나시고, 본디오 빌라도에게 고난을 받으사, 십자가에 못박혀 죽으시고, 장사한 지 사흘만에 죽은 자 가운데서 다시 살아나시며, 하늘에 오르사, 전능하신 하나님 우편에 앉아 계시다가, 저리로서 산 자와 죽은 자를 심판하러 오시리라.

성령을 믿사오며, 거룩한 공회와, 성도가 서로 교통하는 것과, 죄를 사하여 주시는 것과, 몸이 다시 사는 것과, 영원히 사는 것을 믿사옵나이다. 아멘.

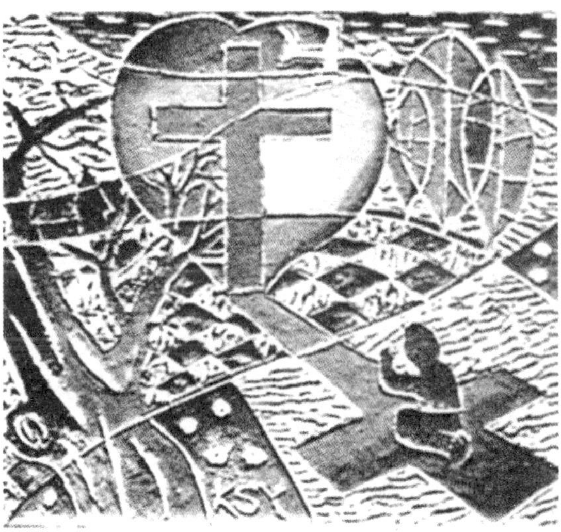

1 서론
믿음의 의미

히브리서 11:1

몽고제국의 기독교

13세기초 빈민출신이었던 징기스칸이 집권하면서 중국대륙에는 몽고제국, 곧, 원나라가 시작되었습니다. 징기스칸은 탁월한 전략가로서 무자비한 정복전쟁을 통해 역사상 그 어떤 제국보다도 크고 강력한 제국을 건설했습니다. 이 제국이 전성기에 이르렀을 때에는 전 지구의 1/4에 달하는 지역이 이 제국의 관할권에 들어간 일도 있습니다. 바벨로니아 제국이나 페르샤 제국, 헬라제국, 로마제국이 그 광대한 크기에 있어서 비교조차 될 수 없을 정도로 이 제국은 광대한 영토를 지배했습니다.

그런데 재미있는 사실은 징기스칸이 그의 통치 말년에 기독교와 접촉이 활발했다는 것입니다. 징기스칸은 기독교에 대하여 매우 호의적이어서 신앙의 자유를 허락했고, 군목제도까지 도입하여 어떤 병영에는 약 800개에 달하는 이동 예배 처소까지 두었습니다. 징기스칸 휘하의 장군들 가운데는 기독교인이 많았습니다. 징기스칸의 아들들 가운데도 기독교인이 있었습니다. 이런 와중에서 기독교가 몽고제국 전역에 급속도로 전파되어서 원나라가 기독교국가로 변하기 시작했습니다. 마침내 징기스칸의 손자대인 3대째 왕인 구육왕에 이르러서는 왕의 어머니가 독실한 기독교인이었을 뿐만 아니라 왕 자신도 신실한 기독교인이었습니다.

총리와 두 명의 고위관리도 기독교인이었고, 서방에서 열렸던 공의회와 비슷한 신학토론회의도 개최되었습니다. 구육왕이 집권하면서 잔인한 살육정복전쟁이 중지되었는데, 이것은 구육이 기독교인이었기 때문에 가능한 일이었습니다. 이때 구육왕은 기독교 원리를 제국정부에 도입하려고 시도했으며, 수많은 신학교와 교회가 제국 전역에 설립되었습니다. 그런데 불행하게도 구육은 6년간이라는 짧은 기간동안 통치하고 난 후 죽고 맙니다. 구육의 아들인 망구왕은 구육만큼 신실한 기독교인은 아니었으나, 적어도 형식적으로는 기독교인이었으며, 그의 어머니가 또한 기독교인이었습니다. 이런 사정은 상당한 기간동안 계속되었습니다.

그런데 이처럼 전무후무할 정도로 융성했던 몽고제국의 기독교가 몽고제국이 채 망하기도 전에 제국전역에서 전멸해 버렸다고 말해도 과언이 아닐 정도로 쇠퇴해 버렸고, 그 이후에는 몽고제국에 과연 기독교가 전래된 일이 있는가 하는 의심이 들 정도로 흔적도 없이 사라져 버리고 말았습니다. 여기에는 여러 가지 원인이 있습니다. 가장 중요한 원인 가운데 하나는 몽고제국 후기에 이르러서 회교제국인 사라센 제국이 세력을 얻으면서 잔인하게 기독교를 궤멸하기 시작한 데서 찾을 수 있습니다. 이때 몽고제국 변방에 있던 많은 기독교인들이 회교의 잔인한 살육을 견뎌내지 못하고 회교로 개종했습니다. 게다가 타메르레인이라는 아주 잔인하고 천재적인 군사전략가가 몽고제국의 왕으로 집권하게 되었는데, 타메르레인은 회교로 개종한 뒤 기독교세력에 대한 증오심을 품고 조직적으로 기독교도들을 죽이기 시작했습니다. 타메르레인은 제국내의 수천개의 도시들을 습격하여 도시마다 수만명에서 수백만명에 이르는 기독교인들을 찾아내서 죽였습니다. 게다가 이 당시 전세계적으로 흑사병이 돌아서 유럽에서 약 2500만명이 죽고, 아시아에서 3700만명이 죽는 사건도 겹쳤습니다.

그런데 몽고의 기독교가 궤멸당하고 만 이면에는 이같은 외적인 정치적이고 자연적인 재난보다 더 중요한 내적인 이유가 있었습니다. 그것은 몽고제국의 기독교는 기독교교리에 대하여 너무나 미온적이고 무감각한 태도를 취했다는 사실입니다. 몽고제국에 전파된 기독교는 동방기독교인 경교였는데, 경교는 네스토리우스라는 사람에 의하여 시작된 기독교의 한 분파였습니다. 네스토리우스는 그리스도 안에 있는 인성과 신성은 서로 아무런 상관도 없는 두 개의 별개의 자질이라고 가르친 인물입니다. 그렇게 해서 예수님은 완전한 인간도 아니고 완전한 사람도 아닌 이상한 존재로서, 통일성이 없는 인격을 소유한 두 머리를 가진 괴물 비슷한 존재라고 가르쳤습니다. 네스토리우스는 서방에서 이단으로 정죄당한 후에 동방교회를 시작하게 되었는데, 그것이 바로 경교입니다.

그런데 경교는 그 출발부터가 그렇듯이 언제나 교리에 대하여 타협적인 입장을 취했습니다. 경교가 몽고제국에 들어왔을 때, 이들은 불교와 교리적으로 타협했습니다. 이들은 불교교리와 별로 충돌을 일으키지 않는 "믿음을 통하여 구원을 얻는다"는 교리는 강조한 반면, 불교교리와는 양립할 수 없는 속죄교리라든가, 예수님이 인간을 위하여 죽임을 당하셨다든가, 우리의 죄 때문에 내어준 바 되셨다는 것과 같은 구원교리의 핵심을 삭제시켜 버렸습니다. 살생을 금기시하는 불교교리와 죽음을 핵심으로 하는 구원교리가 양립할 수 없었기 때문입니다. 그러자 몽고제국의 기독교는 불교교리와 비슷한 종교가 되고 말았고, 교회에 고난이 밀어닥쳤을 때 고난을 이겨낼 교리적 근거를 상실해 버리고 말았습니다. 고난이 찾아 들었을 때 수많은 기독교인들이 비슷한 교리를 가르치는 불교사원으로 피신하여 불교도로 쉽게 개종하고 말았습니다. 이것이 몽고제국의 기독교가 어려움이 찾아왔을 때 쉽게 무너져 버린 가장 중요한 이유 가운데 하나입니다.

몽고제국의 기독교가 몰락한 사건이 우리에게 주는 교훈은 교회와 성도들이 교리에 무식하고 무관심하게 되면, 교회가 정말로 고난과 어려움에 직면하게 될 때 쉽게 타협하고 흔들리게 될 것이며, 도대체 기독교인지 무당종교인지 구분할 수 없는 지경에 떨어질 위험이 있다는 것입니다. 바로 여기에 기독교교리의 기본적인 핵심을 요약해서 보여주고 있는 문헌 가운데 가장 탁월하고 역사적인 교회들의 공인을 받은 신앙고백서인 사도신경을 공부하는 의의가 있습니다.

왜 사도신경을 공부해야 하는가?

그러면 이제 우리가 우리의 신앙생활을 영위하고자 할 때 사도신경을 공부해야 하는 이유들을 좀더 구체적으로 생각해 봅시다. 그 이유로서는 두 가지를 열거할 수 있습니다.

1. 첫째 이유를 설명하기 위해서 비유를 한 가지 들어 봅시다. 우리 인간의 몸은 두 부분으로 구성되어 있습니다. 하나는 뼈요, 다른 하나는 살입니다. 둘 중에 어느 하나라도 없으면 인간의 신체는 제대로 기능을 발휘할 수 없습니다. 뼈는 우리의 몸이 튼튼하게 서서 힘을 발휘할 수 있도록 도와 줍니다. 살은 우리의 몸을 아름답고 부드러운 모습을 갖도록 해 줍니다. 뼈와 살이 균형있게 잘 조화되어야 아름답고 건강한 신체를 가지고 바른 생활을 할 수가 있습니다. 이처럼 우리가 흔들리지 않으면서도 아름다운 신앙생활을 하기 위해서는 건실하고 튼튼한 교리적 지식이라는 뼈대에다가 기도/찬양/은혜의 말씀/교제의 살을 덧입혀야 합니다. 교리적 지식이라는 뼈대가 없이 기도/찬양/은혜의 말씀/교제에만 열심을 내면 그 뿌리가 깊지 못하고 기둥이 든든하지 못해서 잘못된 이단의 가르침을 만나면 쉽게 시험에 들기 쉽고, 생활에 어려움이 찾아들 때 쉽게 신앙이 식어 버리고, 고난이 찾아올 때 결연한 태도로 서기가

어렵게 됩니다. 따라서 하나님이 어떤 분이시며, 하나님이 우리를 위해 하신 일의 내용을 체계적으로 알고 있어야 우리가 기도하고, 찬양하고, 말씀을 날마다 사모하고, 성도들간의 따뜻한 교제를 나누어야 하는 이유를 발견할 수 있습니다.

2. 둘째로, 성도들의 신앙이 성장하려면 성경말씀을 읽고 배워야 하는데, 성경말씀은 너무나 분량이 많고 내용도 많기 때문에, 어느 부분이 더 중요하고 신자가 꼭 알아야만 하는 것인지 분간하기가 어렵습니다. 이같은 평신도들의 고충을 덜어주기 위하여 작성된 고백문이 바로 사도신경입니다. 사도신경은 성경 66권이 가르치고 있는 하나님과 하나님의 사역에 관한 내용들 가운데 가장 중요하고 핵심적인 내용들을 놀라울만큼 잘 뽑아내서 요약한 문서입니다. 그것은 마치 들판에 수많이 어지럽게 널려있는 꽃들로부터 꿀벌이 맛있는 꿀만 쏙쏙 뽑아내서 모아놓은 로얄제리와도 같은 것입니다. 따라서 사도신경을 정확하고 바르게 배우는 성도들은 말하자면 성경 66권의 가장 중요하고 핵심되는 내용들, 곧, 성경의 로얄제리를 먹는 것과도 같습니다.

사도신경은 어떻게 형성되었는가?

사도신경은 언제부터 작성되기 시작했는지, 누가 작성했는지, 어떤 경로를 통해서 완성되었는지 분명하게 알려진 것이 없습니다. 이 모든 것들이 신비에 싸여 있습니다. 그 기원에 대해서 우리가 말할 수 있는 것은 마태복음 28장 19절과 16장 16절이 그 모체가 되지 않았는가라는 추측이 가능하다는 것뿐입니다.

1. 마태복음 28장 19절은 이렇게 기록되어 있습니다. "그러므로 너희

는 가서 모든 족속으로 제자를 삼아 아버지와 아들과 성령의 이름으로 세례를 주고." 예수님이 이 말씀을 하신 이후, 이 문장은 세례를 베풀 때 사용되는 기본예전형식으로 정착되었습니다. 세례는 아버지 곧, 성부와, 아들 곧, 성자와, 성령의 이름으로 시행됩니다. 여기서 성부, 성자, 성령 세분 하나님이 언급되는데, 사도신경은 바로 이 세분 하나님을 고백하는 기본틀로 구성되어 있습니다. "내가 하나님 아버지를 믿고, 하나님의 아들을 믿고, 성령을 믿는다"는 기본틀은 사도신경의 골격입니다.

2. 또한 마태복음 16장 16절은 기독교역사상 최초로 기록된 신앙고백문이라고 할 수 있는 데, 이 고백문에서 베드로는 이렇게 고백합니다. "시몬 베드로가 대답하여 가로되 주는 그리스도시요 살아계신 하나님의 아들이시니이다." 베드로의 이 신앙고백은 온통 하나님의 아들에게 집중되어 있습니다. 그리고 이 아들이 우리의 주이시며, 그리스도임이 고백되어 있습니다. 따라서 앞에 말씀드린 기본형에다가 아들에 대한 설명 곧, 그 아들은 외아들이며, 우리의 주이신 예수 그리스도라는 고백이 다시 첨가되면서, "하나님 아버지를 믿고, 그 외아들 우리 주 예수 그리스도를 믿고, 성령을 믿는다"는 형식이 성립되었습니다.

3. 초대교회의 지도자들은 이 기본형에 나타난 삼위일체 하나님이 세례를 받고자 하는 모든 자가 기본적으로 반드시 알아야 할 내용이라는 데 의견을 같이하면서, 이 기본틀에다가 하나씩 하나씩 가르쳐야 할 핵심적인 교리의 내용들을 첨가하게 되었고, 그 과정에서 자연스럽게 오늘날 사도신경으로 알려진 고백문이 성립된 것입니다. 특별히 초대교회 시대에 여러 이단들이 등장해서 교회를 어지럽혔고, 이들과 논쟁을 하는 가운데 기독교인들이 이단의 미혹에 넘어가지 않게 하기 위하여 꼭

필요한 교리적 조항들이 하나씩 첨가되었습니다. 특별히 성자 하나님 곧, 예수 그리스도에 관한 내용이 많은 이유는 예수 그리스도께서 우리의 구원사역을 이루신 분이기 때문이기도 하지만, 특히 예수 그리스도를 중심으로 이단도 많이 일어났고 논쟁도 많았기 때문입니다. 이런 과정을 거쳐 내려오다가 주후 500년경에 오늘날 우리가 고백하는 것과 같은 형식으로 정립이 되었고, 그 이후 1500년이 넘는 긴 기간동안 카톨릭교회나 개신교를 막론하고 모든 교회가 공통적으로 고백하는 신앙고백문으로 사용되어 왔습니다. 1500년 동안이나 고백문으로 사용되어 오면서도 아무런 문제가 없었다는 것은 이 고백문이 얼마나 잘 만들어진 고백문인가를 보여주는 것입니다.

4. 사도신경은 어느 한 뛰어난 신학자에 의하여 형성된 것이 아니라 예수님의 말씀을 시작으로 해서 초대교회 열두사도와 속사도들, 교부들, 그리고 수많은 교회회의들을 거치면서, 헤아릴 수 없이 많은 사람들의 기도와 연구와 수정을 거쳐 가면서, 수백년간에 걸쳐서 만들어진 기독교교리의 핵심을 요약한 고백문입니다. 결국 이 고백문은 이같이 많은 신실한 기독교인들과 교회들과 교회회의들을 통하여 역사하신 성령의 작용을 통해서 형성된 고백문입니다. 이 고백문은 두 가지 중요한 특징을 가지고 있는데, 첫째는, 이 고백문은 철저하게 성경말씀에 근거하여 작성되었다는 것입니다. 따라서 이 고백문은 신적인 거룩한 권위를 가집니다. 둘째로, 이 고백문은 성령의 도우심을 간구하는 수많은 교회회의를 통해서 교회의 공식교리로 인정받은 것이요, 따라서 이 고백문은 하나님의 몸된 교회의 권위에 의하여 뒷받침되고 있습니다. 따라서 이 사도신경 고백문은 어느 한 신학자나 교인이나 교회나 교단이 마음대로 바꾸거나 고치거나 무시해서는 안됩니다. 이렇게 하여 형성된 사도신경은 그 이후, 세례를 받아야 할 사람들이 필수적으로 고백해야 할

표준으로서, 또, 성도들의 교육의 기본틀로서, 나아가서는 이단을 가려내고 교회의 순결성을 보존하는 틀로서 사용되었습니다.

믿음의 의미

사도신경은 고백문이기 때문에 "내가 무엇을 믿는다"고 되어 있습니다. "내가 성부 하나님을 믿는다, 내가 성자 하나님을 믿는다, 내가 성령을 믿는다, 그리고 성령께서 나와 교회들에게 행하시는 여러가지 일들을 믿는다"고 되어 있습니다. 여기서 우리는 "믿는다"라는 매우 중요한 단어를 만나게 됩니다. 도대체 믿는다는 것, 믿음이란 무엇이냐?

1. 먼저 우리는 사도신경 고백문이 "나는 생각한다, 또는 나는 안다"는 표현을 사용하지 않았다는 점에 유의해야 하겠습니다. "생각한다"라든지, "안다"는 말은 이성 또는 지성의 문제입니다. 생각한다 또는 안다는 단어를 사용하게 되면, 나의 전인격 가운데 다만 나의 이성 또는 지성만이 동원되고 나의 감성이나 의지는 배제됩니다. 그러나 믿는다고 할 때는 단순한 이성이나 지성으로 아는 지식 이상의 것이 포함됩니다. 곧, 지, 정, 의가 모두 포함된 개념입니다. 나아가서는 나의 인격 전체가 포함된 개념입니다. 곧, 이성을 통하여 아는 지식뿐만 아니라 나의 감성으로 느끼는 감정도 포함되고 나의 확고한 의지까지도 포함된, 나의 인격 전체로서 상대방과 관계하는 것을 말합니다. 그런데 지, 정, 의라는 철학적인 용어보다 더 생생하고 알맞은 표현을 우리는 성경에서 발견할 수 있습니다. 마가복음 12장 30절을 보면 "네 마음을 다하고 목숨을 다하고 뜻을 다하고 힘을 다하여 주 너희 하나님을 사랑하라"는 말씀이 있습니다. 여기 기록되어 있는 마음을 다 드리고 목숨도 드리고 나의 뜻도 드리고 나의 힘도 드린다는 표현이 "지, 정, 의"를 다 드린다는

표현에 해당하는 표현인데, 훨씬 더 구체적이고 실감이 있고 역동성이 있는 표현입니다. 따라서 믿는다는 말은 이처럼 우리의 마음과 목숨과 뜻과 힘을 다해서 하나님을 신뢰하고 사랑한다는 것을 뜻합니다. 그러므로 우리가 매주일 사도신경을 고백할 때에 단순히 나의 지식으로만이 아니라 나의 몸 전체를 드린다는 심정으로 한마디 한마디 신중하고 감격어린 태도로 고백해야 할 것입니다.

2. 믿는다는 말이 지니는 또 다른 중요한 의미는 믿는 대상이 객관적이고 무감각하고 무표정한 대상이나 사물이 아니라 나와 밀접한 관계를 맺고 계시는 따뜻한 인격체임을 시사해 준다는 것입니다. 사도신경을 고백할 때 우리는 성부와 성자와 성령을 믿는다고 고백하게 되는데, 여기서 성부도 인격이요, 성자도 인격이요, 또한 성령도 단순한 능력이 아닌 인격입니다. 이처럼 인격을 가지신 하나님이 우리를 창조하셨고, 우리의 죄 때문에 십자가에 달려서 희생의 죽음을 당하셨으며, 그 죽음에 근거하여 우리의 죄를 용서해 주셨으며, 우리를 의롭다 하셨으며, 우리를 양자로 삼으셨으며, 우리에게 영원한 생명을 주셨으며, 우리의 몸을 성전으로 삼고 우리 안에 들어와 거하십니다. 얼마나 우리와 긴밀한 관계안에 계십니까? 그렇기 때문에 우리는 성부와 성자와 성령이 존재함을 인정하고 신뢰하고 우리의 모든 인생을 의탁하고 또한 사랑하게 되는 것입니다.

3. 다음으로 사도신경이 생각한다라든지 안다는 말 대신 믿는다는 말을 사용한 이유는 믿는다고 고백하는 내용들이 인간의 평범한 이성으로 쉽게 받아들이기 어렵고, 이성의 차원을 넘어서서 신비에 가득차 있는 것들이기 때문입니다. 이성적으로는, 또는 평범한 상식으로는 납득이 되지 않지만 진리임을 인정하기 때문에 "믿는다"고 고백하는 것입니다.

바로 이것이 히브리서 11장 1절이 말하고 있는 믿음의 내용입니다. "믿음은 바라는 것들의 실상이요 보지 못하는 것들의 증거니." 이 말이 무슨 뜻입니까? "바라는 것"은 현재 있는 것이 아닙니다. 예를 들어서 내가 "자동차를 바란다"고 생각해 봅시다. 현재 나에게 자동차가 없기 때문에 자동차를 바라는 것이지요. 그런데 없는 자동차를 "실상"처럼, 곧 내 눈 앞에 실물인 자동차가 있는 것처럼 생각하는 것이 바로 믿음이라는 것입니다. 또 우리 눈으로 "보지 못하는 것"을 마치 우리 눈 앞에 뚜렷하게 증거가 드러나 있는 것처럼 생각하는 것이 곧 믿음이라는 것입니다.

그렇습니다. 이성으로서는 다 납득하기 어려운 신비롭고 경이로운 일들을 확신한다고 고백하는 것이 믿음입니다. 이성으로는 다 이해하기 어려운 것을 확실히 진리라고 믿는 것은 인간의 힘만으로는 안되고 하나님의 은혜의 선물을 받아야 합니다. 믿음은 하나님의 선물입니다. "너희가 그 은혜를 인하여 믿음으로 말미암아 구원을 얻었나니 이것이 너희에게서 난 것이 아니요 하나님의 선물이라"(에베소서 2:8). 그러므로 우리는 사도신경을 고백할 때 하나님께서 믿음의 선물을 주셔서 이 놀라운 고백의 내용들을 전적으로 믿고 진리로 받을 수 있도록 간구하는 마음을 가져야 할 것입니다.

2 삼위일체 하나님의 신비와 필요성

마태복음 3:13-17

간단한 복습

지난 강의에서 우리는 사도신경 공부의 준비작업으로서 세 가지를 살펴 본 바 있습니다. 첫째로, 사도신경을 공부해야 하는 이유가 무엇인가를 공부했습니다. 사도신경을 공부해야 하는 이유는 사도신경이 우리가 믿고 사랑하는 하나님이 어떤 분이시며, 그 하나님이 우리를 위하여 어떤 일을 하셨는가에 대하여 성도들이 꼭 알아야 할 가장 핵심적이고 필요한 내용을 요약해서 보여주고 있기 때문입니다. 둘째로, 사도신경이 어떻게 형성되었는가를 공부했습니다. 사도신경은 마태복음 28장 19절과 16장 16절을 모체로 해서 초대교회시대에 수많은 교회회의를 거치면서 자연스럽게 형성되었습니다. 셋째로, 사도신경을 고백할 때 우리는 믿는다고 고백하게 되는데 믿는다는 말이 무엇을 뜻하는가를 공부했습니다. 믿는다는 것은 우리의 지정의(知情意) 곧, 몸과 마음과 힘을 다하여 신뢰하고 사랑한다는 마음의 표현이요, 하나님과 하나님의 사역에 관한 신비로운 일들에 대하여 이성적으로 또 시각적으로 이해할 수는 없어도 진리로 받아들인다는 마음의 표현입니다.

기독교의 하나님은 삼위일체 하나님이다

이제 이 과에서는 사도신경의 내용을 살피는 작업을 시작하겠습니다. 우리가 사도신경의 항목 하나하나를 살피기 전에 먼저 사도신경의 전체적인 틀 속에 하나님의 모습이 어떻게 나타나 있는가를 살펴 볼 필요가 있습니다. 다음에 인용한 사도신경 전문 가운데 줄친 부분에 주목해 주시기 바랍니다.

전능하사 천지를 만드신 1) 하나님 아버지를 내가 믿사오며, 그 2) 외아들 우리 주 예수 그리스도를 믿사오니, 이는 성령으로 잉태하사 동정녀 마리아에게 나시고, 본디오 빌라도에게 고난을 받으사, 십자가에 못박혀 죽으시고, 장사한 지 사흘 만에 죽은 자 가운데서 다시 살아나시며, 하늘에 오르사, 전능하신 하나님 우편에 앉아 계시다가, 저리로서 산 자와 죽은 자를 심판하러 오시리라. 3) 성령을 믿사오며, 거룩한 공회와, 성도가 서로 교통하는 것과, 죄를 사하여 주시는 것과, 몸이 다시 사는 것과, 영원히 사는 것을 믿사옵나이다. 아멘.

앞의 인용문에서 줄친 부분이 바로 사도신경의 기본틀입니다. 이 기본틀에 따르면 성도들은 세 가지를 믿는다고 고백하는데, 첫째는 하나님 아버지를 믿는다고 고백하고, 둘째는 외아들이신 예수 그리스도를 믿는다고 고백하고, 셋째는 성령을 믿는다고 고백합니다. 우리는 아버지 하나님(성부)를 믿고, 아들(성자)를 믿고, 또 성령을 믿는다고 고백합니다. 이 세 가지 고백 가운데 어느 하나라도 빠지면 우리는 하나님을 잘못 아는 결과가 됩니다. 앞으로 이 세 분에 대하여 차례로 공부하게 되는데, 그렇게 하기 전에 도대체 이 세 분이 서로 어떤 관계에 있는가를 아는 것이 필요합니다. 앞으로는 아버지 하나님은 성부로, 아들이신 예수 그리스도는 성자로, 그리고 성령은 그대로 성령으로 부르겠습니다. 이 세 분의 관계에 대하여 우리가 알아야 중요한 사실은 두 가지로 요약됩니다.

1. 성부가 하나님이요, 성자도 하나님이요, 성령도 하나님입니다. 아버지와 아들과 성령이 하나님이라는 본질에 있어서는 똑같습니다. 예를 들어서 성부가 전능하신 하나님이라면 성자도 전능하신 하나님이요, 성령도 전능하신 하나님이십니다. 성부가 사랑의 하나님이라면 성자도 사랑의 하나님이요, 성령도 사랑의 하나님입니다. 성부가 공의의 하나님이라면 성자도 공의의 하나님이요, 성령도 공의의 하나님입니다. 이처럼 하나님이라는 본질에 있어서 하나이기 때문에 일체(一體)라고 합니다. 여기서 "체"라는 말은 본질이라는 뜻입니다. 본질에 있어서 하나라는 뜻입니다. 성부나 성자나 성령이 하나님이라는 본질에 있어서는 완전히 동등하기 때문에 하나님은 한 분이십니다.

2. 그러나 성부와 성자와 성령은 아주 뚜렷하게 독립된 그리고 결코 섞일 수 없는 세 인격체입니다. 그래서 삼위(三位)라고 합니다. 위(位)라는 말은 인격체라는 뜻입니다.

요약해서 말한다면, 한 하나님이 세 독립된 인격체로 존재하신다는 것입니다. 이것이 삼위일체 하나님의 기본뜻입니다. 그러면 이같은 하나님 개념의 성경적인 근거를 살펴 보겠습니다.

성경적 증거

1. 구약에서

(1) 먼저 구약성경은 하나님은 한 분이라는 사실을 분명하게 보여주

고 있습니다. "이스라엘아 들으라 우리 하나님은 오직 하나인 여호와시니"(신명기 6:4).

(2) 그러면서도 동시에 구약성경은 하나님이 여러 인격체로 존재하신다는 사실을 분명히 말하고 있습니다. "하나님이 가라사대 우리의 형상을 따라 우리의 모양대로 우리가 사람을 만들고"(창세기 1:26). "여호와 하나님이 가라사대 보라 이 사람이 선악을 아는 일에 우리 중 하나같이 되었으니"(창세기 3:22). "여호와께서 가라사대… 우리가 내려가서 그들의 언어를 혼잡케 하여 그들로 서로 알아듣지 못하게 하자"(창세기 11:7). 이상과 같은 창세기의 본문들에서 하나님이 우리라는 말을 쓰는 것을 볼 때 하나님은 하나가 아니라 복수의 인격체들로 존재하신다는 것을 알 수 있습니다.

(3) 어떤 본문들은 하나님이 세 인격체로 계신다는 사실을 강하게 암시합니다. 두 군데의 본문을 보겠습니다. 창세기 1장 1,2절을 보면 이런 말씀이 있습니다. "하나님이 천지를 창조하시니라 땅이 혼돈하고 공허하며 흑암이 깊음 위에 있고 하나님의 신은 수면에 운행하시니라." 이 본문을 읽어 보면 하나님과 하나님의 신이 천지창조사역에 참여한 것으로 되어 있는데, 여기서 하나님은 성부 하나님을 가리키고, 하나님의 신은 성령 하나님을 가리키는 것으로 해석됩니다. 또 같은 창조사건을 기록하고 있는 시편 33장 6절을 보면 다음과 같이 기록되어 있습니다. "여호와의 말씀으로 하늘이 지음이 되었으며 그 만상이 그 입 기운으로 이루었도다." 본문에 보면 여호와의 말씀이 천지창조에 참여한 것으로 되어 있는데, 여호와의 말씀이 요한복음에서 예수님을 가리키는 단어로 해석되고 있는 것으로 볼 때 이 말씀은 성자 하나님을 암시하는 표현으로 이해될 수 있습니다. 입 기운이라는 말은 성령 하나님을 암시하는 단어입니다. 이처럼 천지창조시에 이미 성부와 성자와 성령이 등장하고 있음을 알 수 있으며, 하나님이 자신을 가리켜서 우리라고 했을 때 그

우리는 성부와 성자와 성령을 지시한다는 사실을 알 수 있게 됩니다.

(4) 뿐만 아니라 어떤 본문들은 성부와 성자와 성령이 각각 독립된 인격체임을 뚜렷하게 보여주면서 동시에 성부와 성자와 성령이 모두 동등한 하나님이라는 사실을 보여줍니다.

먼저 시편 2편을 보겠습니다. 7절에 보면 이런 말씀이 있습니다. "너는 내 아들이라 오늘날 내가 너를 낳았도다." 이 말씀에서 "나"는 성부를 말하고 "아들"은 성자이신 예수님을 가리킵니다. 성부가 성자를 낳았음을 말합니다. 성부와 성자가 독립된 인격체로 서술되고 있습니다. 다음에 11, 12절을 보면 이렇게 기록되어 있습니다. "여호와를 경외함으로 떨며 즐거워할지어다 그 아들에게 입맞추라 그렇지 아니하면 진노하심으로 너희가 길에서 망하리니 그 진노가 급하심이라 여호와를 의지하는 자는 다 복이 있도다." 본문에서 줄친 곳을 비교해 봅시다. 여호와를 경외하는 행동 곧, 성부를 경외하는 행동은 곧 그 아들에게 입맞추는 행동으로 설명됩니다. 이 말은 성부를 경외하는 것이나 성자이신 아들을 경외하는 것이나 같다는 뜻인데, 여기서 우리는 성부나 성자가 모두 동등한 하나님이심을 알 수 있습니다. 성부나 성자가 모두 동등한 하나님이시니까 성부를 경외하는 것이나 성자를 경외하는 것이나 같은 행동이 되는 것입니다.

다음으로 시편 139편을 보겠습니다. 시편기자는 1-6절까지는 여호와 하나님 곧, 성부 하나님이 이 세상 어느 곳에나 계시기 때문에 피할 곳이 없음을 노래합니다. "여호와여 주께서 나를 감찰하시고 아셨나이다 주께서 나의 앉고 일어섬을 아시며 멀리서도 나의 생각을 통촉하시오며 나의 길과 눕는 것을 감찰하시며 나의 모든 행위를 익히 아시오니 여호와여 내 혀의 말을 알지 못하시는 것이 하나도 없으시니이다 주께서 나의 전후를 두르시며 내게 안수하셨나이다." 이처럼 성부이신 여호와 하나님이 어느 곳에나 편재하신다는 것을 노래하던 시인은 같은 내용을 7

절에서는 이렇게 노래합니다. "내가 주의 신을 떠나 어디로 가며 주의 앞에서 어디로 피하리이까 내가 하늘에 올라갈지라도 거기 계시며 음부에 내 자리를 펼지라도 거기 계시나이다." 여호와 하나님의 눈을 피할 수 없듯이 주의 신을 피할 수 없다고 했는데, 여기서 주의 신은 곧 성령을 가리키는 것입니다. 성부의 눈을 피할 수 없듯이 주의 신인 성령을 피할 수 없는 이유는 성령도 성부와 똑같은 하나님이시기 때문입니다.

2. 신약에서

한 분 하나님이 성부와 성자와 성령이라는 독립된 세 인격체로 계신다는 진리는 신약에 와서는 이제 아주 분명하게 계시되었습니다.

(1) 성부와 성자와 성령이 독립된 세 인격체로 존재하신다는 사실은 예수님이 공생애 사역을 시작하시기 위하여 세례를 받으시는 장면에 잘 나타납니다. "예수께서 세례를 받으시고 곧 물에서 올라 오실새 하늘이 열리고 하나님의 성령이 바둘기같이 내려 자기 위에 임하심을 보시더니 하늘로서 소리가 있어 말씀하시되 이는 내 사랑하는 아들이요 내 기뻐하는 자라 하시니라." 본문에 줄친 부분에서 분명히 드러나듯이 성자와 성령이 나타났을 뿐만 아니라 하늘로부터 성부 하나님의 소리가 들려옴으로써 성부 하나님도 예수님의 세례식에 참여하셨습니다. 이 본문은 성부와 성자와 성령 하나님이 존재한다는 것을 명백하게 보여줍니다.

(2) 마태복음 28장 19절은 성부와 성자와 성령 세 독립된 인격체를 가리키는 명칭이 선명하게 등장합니다. "아버지와 아들과 성령의 이름으로 세례를 주고." 세례는 하나님의 이름으로 주는 것입니다. 그러므로 이 본문의 의미는 이런 뜻을 갖는다고 할 수 있습니다. "아버지 하나님과 아들 하나님과 성령 하나님의 이름으로 세례를 주고." 그런데 여기서 우리가 주목해야 할 부분은 마태가 성부/성자/성령 세 존재가 등장하니까 이름들이라는 복수형을 썼을 법한데 그렇게 하지 않고 그냥 단수인

이름을 사용했다는 사실입니다. 여기서 이름이라는 말은 사실은 하나님의 이름이라는 뜻인데, 이 말은 곧 하나님은 한 분임을 시사하는 것입니다. 성부와 성자와 성령은 각기 독립된 세 인격체이지만, 하나님이라는 점에 있어서는 똑같기 때문에 하나님으로 부를 때는 세 인격체를 묶어서 한 하나님으로 부르게 됩니다.

(3) 바울서신에서도 하나님은 한 분이신 동시에 세 인격체로 존재하신다는 진리가 분명하게 나타납니다. 고린도전서 8장 4절에 기록된 "하나님은 한 분 밖에 없는 줄 아노라"는 말씀이나 디모데전서 2장 5절에 "하나님은 한 분이시요"라는 말씀은 분명히 하나님은 한 분이라는 진리를 보여줍니다. 그러나 바울은 동시에 성부 하나님과는 뚜렷하게 구분되는 인격체이신 성자 하나님에 대하여 말합니다. "조상들도 저희 것이요 육신으로 하면 그리스도가 저희에게 나셨으니 저는… 하나님이시라"(로마서 9:5). 신약성경은 또한 성령도 하나님으로 말합니다. 예를 들어서 베드로가 땅을 판 값의 일부를 속이려고 했던 아나니야와 삽비라를 책망하는 본문을 보면 사도행전 5장 3절에서 "성령을 속였다"고 해놓고 4절에서는 "하나님께 거짓말을 했다"고 말합니다. 성령을 속인 행위가 곧 하나님을 속인 행위라는 말은 성령이 곧 하나님임을 보여주는 것입니다.

두 가지 잘못된 가르침

이처럼 하나님은 한 분이시지만 성부와 성자와 성령이라는 세 독립된 인격체로 계신다는 진리는 성경에 충분히 증거되어 있음에도 불구하고 인간의 이성과 논리로 쉽게 납득할 수 있는 진리가 아니었기 때문에 삼위일체교리를 좀더 인간의 이성에 맞게 설명하려는 시도들이 있었고 이 과정에서 많은 이단들이 등장했습니다. 이 이단은 크게 나누어서 두 파로 갈라집니다.

첫번째 이단은 성부 하나님만을 한 분 하나님으로 인정하고 성자와 성령은 일종의 가면에 불과한 존재로 생각하는 것입니다. 이 이단에 따르면, 하나님은 성부 한 분뿐이며, 성부께서 성자라는 가면을 쓰고 나타나시기도 하고 성령이라는 가면을 쓰고 나타나시기도 한다는 것입니다. 가면을 벗기고 보면 성부 하나님뿐이라는 것입니다. 이 이론을 양태론(樣態論)이라고 하는데, 그 이유는 성부 하나님이 각각 다른 양태로 나타나기 때문입니다. 이처럼 하나님이 한 분이라는 주장을 살리기 위하여 성자와 성령이 독립된 인격체임을 부정하는 것은 비성경적입니다. 성경은 분명히 성자와 성령도 독립된 인격체임을 말하고 있습니다.

두번째 이단도 하나님은 성부 하나님 한 분을 가리킨다고 주장하는 점에 있어서는 양태론과 같습니다. 그러나 이 이단은 성자나 성령을 가면이나 환영으로 보지 않고 성자와 성령도 독립된 실체임을 인정합니다. 그런데 이처럼 독립성을 인정하는 것은 좋은데, 하나님은 한 분이라는 진리를 깨뜨리지 않기 위해서 성자와 성령은 하나님이 아니라고 주장합니다. 성자는 하나님이 아니고 다만 훌륭한 한 사람의 인간으로서 하나님의 양자에 불과하다고 주장하고 성령은 어떤 능력과 같은 것으로 주장합니다. 이처럼 예수님이 하나님이심을 인정하지 않고 인간으로서 하나님의 양자로 인정받은 자라고 주장하는 이론을 양자론(養子論)이라고 합니다. 이처럼 하나님이 한 분이라는 진리를 지키기 위하여 성자나 성령이 하나님이심을 거부하는 것도 또한 비성경적입니다.

우리는 성경과 교회의 가르침에 따라서 하나님은 한 분이시지만 성부와 성자와 성령이라는 독립된 세 인격체로 계신다고 분명히 믿고 고백해야 합니다. 어떻게 한 분 하나님이 세 독립된 인격체로 계실 수 있는가? 이 문제를 풀기 위해 초대교회 이후에 약 1000년 가까이 연구와 토론을 했지만 이론적으로 설명할 수가 없었습니다. 이 문제를 이론적으로 설명하려는 모든 시도는 이단이 되고 말았습니다. 그렇습니다. 이것은 인간이 풀 수 없는 장엄한 하나님의 비밀이요, 신비입니다. 인간이 이성으로 이해할 수 없지만 성경이 분명히 가르치고 있기 때문에 믿음으로 받아들여야 할 진리입니다. 이 우주보다 크고 깊으신 하나님의 존재방식을 우리의 좁은 두뇌로서 어떻게 다 이해하고 담을 수 있겠습니까? 우리는 최선을 다해서 기도하는 가운데 설명할 수 있는 한계까지는 설명을 해 보지만 그 이상은 겸손히 믿음으로 받아들여야 합니다.

삼위일체 하나님의 필요성

그렇다면 왜 기독교인은 성부와 성자와 성령을 모두 알고 고백해야 합니까? 그 이유는 세 인격체 가운데 어느 한 분이라도 우리의 고백에서 빠지면 우리의 하나님에 관한 지식이 절름발이가 될 뿐만 아니라 우리의 신앙생활도 절름발이가 되고 말기 때문입니다. 다시 말해서 성부와 성자와 성령이 각각 하시는 일이 다르지만 그 일들이 모두 우리에게 필요하기 때문입니다.

우선 성부는 창조사역을 주도하셨으며, 인간에게 생명을 주셨습니다. 성자는 인류를 구원하기 위하여 십자가에 달려 죽으시는 구속사역을 주도하셨습니다. 성령은 성자께서 이루신 인류구속사역을 성도들에게 적용하고 성도들을 성화시키는 사역을 담당하십니다. 우리가 온전한 하나님의 백성이 되기 위해서는 이와같은 성부와 성자와 성령의 사역이 모두 필요합니다. 성부가 우리를 창조하셨기에 우리가 이 세상에 존재할 수 있게 된 것이요, 성자께서 십자가 위에서 우리가 받아야 할 형벌을 대신 받고 죽임을 당하셨기 때문에 비로소 죄를 범한 우리가 구원받을 수 있는 길이 준비된 것이요, 성령이 예수 그리스도의 구속사역을 우리에게 적용하시기 때문에 비로소 예수 그리스도의 구속사역이 나를 위한 사역이 되고 내가 실제로 구원받을 수 있는 것입니다. 따라서 이 세 가지 사역 가운데 어느 한 가지라도 빠지면 중대한 문제가 발생합니다. 성부에 대한 지식이 없으면 우리가 어떻게 창조되었으며 우리에게 생명을 주신 이가 누구인지 알 수 없게 되고, 성자가 없으면 우리가 구원을 받을 수 있는 근거가 무엇인지 알 수가 없게 되고, 성령이 없으면 아무리 훌륭한 구원의 길이 준비되었어도 나와는 아무런 상관없는 그림의 떡이 되고 말 것입니다. 그러므로 우리는 사도신경을 고백할 때마다 우리를 창조하시고 생명을 주신 성부와 우리를 위한 구원의 길을 준비하신 성자와 그 구원을 우리의 구원이 되게 하신 성령을 같이 생각하면서, 이 세 독립된 인격체가 한 하나님으로 우리의 구주가 되신다는 놀랍고 신비로운 이 진리를 믿음으로 받아들여야 하겠습니다.

3
창조주 하나님

창세기 1:1 등

우리가 믿고 고백하는 하나님은 성부와 성자와 성령 하나님으로서, 하나님이라는 본질에 있어서는 완전히 일치하기 때문에 한 분 하나님이시지만 분명하고 뚜렷하게 독립된 세 인격체로 존재하십니다. 그러면 이제 사도신경에 나오는 순서에 따라서 성부 하나님으로부터 시작해서 삼위 하나님 한 분 한 분을 차례차례 공부하기로 하겠습니다.

사도신경 첫 고백은 성부 하나님을 믿는다는 고백으로 되어 있습니다. "전능하사 천지를 만드신 하나님 아버지를 내가 믿사오며." 성부 곧 아버지 하나님은 전능하신 하나님으로 고백되고 있는데, 하나님의 전능하심이 가장 잘 나타난 사건이 바로 하나님의 창조사역입니다.

창조사역은 성부 하나님이 주도하시고, 성자와 성령도 같이 참여하신 사역이다

성부 하나님은 창조사역을 주도하셨습니다. 그러나 여기서 우리가 주의해야 할 것은 그렇다고 해서 창조사역에는 성부 하나님만 참여하시고 성자와 성령은 팔짱만 끼고 구경하고 계신 것이 아니라 같이 창조사역에 참여하셨다는 사실입니다. 성부 하나님이 전면에 나서서 창조사역을 주도하실 때 성자와 성령도 도우셨습니다. 그것은 성자 하나님이 주도하신 구속사역도 마찬가지입니다. 성자 하나님이 구속사역을 주도하셨지만 성부와 성령도 같이 도우셨습니다. 성령 하나님이 구속의 사역을 신자들과 교회에 적용하실 때도 물론 성령이 주도하시지만 성부와 성자가 도우십니다. 그렇게 이해하지 않고 천지창조는 성부 하나님만이 하셨고, 나중에 구속사역은 성자 하나님만이 하셨고, 구속의 적용과 성화는 성령 하나님만이 하신다고 생각하는 것은 잘못된 가르침입니다.

성부 하나님이 중심이 되어 행하신 창조사역에 성자와 성령도 같이 도우셨다는 사실을 성경본문을 통해서 확인해 보겠습니다.

1. 성부의 창조사역 참여. 창세기 1장 1절은 성부 하나님이 천지창조 사역을 담당하셨음을 보여줍니다. "태초에 하나님이 천지를 창조하시니라."

2. 성자의 창조사역 참여. 그런데 요한복음 1장 1-3절에서는 성자 예수님이 태초에 "말씀"의 형태로 계셨음을 말하면서 이 말씀이 만물을 지으셨다고 말합니다. "태초에 말씀(예수님)이 계시니라 이 말씀이 하나님과 함께 계셨으니 이 말씀은 곧 하나님이시니라 그가 태초에 하나님과 함께 계셨고 만물이 그(말씀 곧, 예수님)로 말미암아 지은바 되었으니 지은 것이 하나도 그가 없이는 된 것이 없느니라." 고린도전서 8장 6절도 성자가 창조사역에 참여하신 사실을 말합니다. "그러나 우리에게는 한 하나님 곧 아버지가 계시니 만물이 그에게서 났고 우리도 그를 위하며 또한 한 주 예수 그리스도께서 계시니 만물이 그로 말미암고 우리도 그로 말미암았느니라." 골로새서 1장 16,17절은 그리스도가 하신 일을 이렇게 말합니다. "만물이 그(예수님)에게 창조되되 하늘과 땅에서 보이는 것들과 보이지 않는 것들과 혹은 보좌들이나 주관들이나 정사들이나 권세들이나 만물이 다 그로 말미암고 그를 위하여 창조되었고 또한 그가 만물보다 먼저 계시고 만물이 그 안에 함께 섰느니라."

3. 성령의 창조사역 참여. 또한 창세기 1장 2절에서 말하고 있는 것

처럼 "하나님의 신은 수면에 운행하시니라"라는 표현이나, 시편 104편 30절에서 "주의 영을 보내사 저희를 창조하셨다"는 표현이나, 욥기 26장 13절에 "그 신(성령)으로 하늘을 단장하셨다"는 표현이나, 같은 욥기 33장 4절에서 욥의 친구가 "하나님의 신이 나를 지으셨다"고 고백한 것이나, 시편 33편 6절에서 "그 만상이 그 입기운으로 이루었다"는 표현 등은 성령께서도 창조사역에 참여하셨음을 명확히 보여줍니다.

창조의 방법: 말씀을 통한 창조

다음으로 우리가 살펴 보아야 할 중요한 문제는 하나님이 천지를 창조하실 때 어떻게 창조하셨느냐 하는 것입니다. 우리가 창세기 1장을 읽어 보면 매우 중요한 문장이 반복해서 등장하는 것을 볼 수 있습니다. 그 문장은 "하나님이 가라사대"라는 문장입니다. 하나님이 가라사대 빛이 있으라고 명령하시니 빛이 있었고, 하나님이 가라사대 물 가운데 궁창이 있어 물과 물로 나뉘게 하라고 명령하시니 그대로 되었고, 하나님이 가라사대 천하의 물이 한 곳으로 모이고 뭍이 드러나라 하시매 그대로 되었습니다. 이 표현이 창세기 1장에만 10번 등장합니다. 이것은 천지창조가 하나님의 말씀을 수단으로 하여 이루어졌음을 보여줍니다. 하나님이 말씀하시는 것 이외에는 어떤 다른 수단도 창조사역에 동원되지 않았습니다. 전능하신 하나님이 말씀하시니까 그대로 이루어졌다고 창세기 1장은 말하고 있을 뿐입니다. 그 이상 어떤 창조의 수단에 관한 정보도 창세기는 우리에게 말하고 있지 않습니다.

창조의 재료: 무로부터의 창조

그러면 성부 하나님이 이처럼 말씀으로 천지를 창조하실 때 무엇을 재료로 사용하여 창조하셨을까요? 이 질문에 대해서 성경은 성부 하나님은 아무런 재료도 사용하지 않으시고 "무"로부터 천지를 만드셨음을 증거하고 있습니다. 히브리서 11장 3절은 이렇게 말합니다. "믿음으로 모든 세계가 하나님의 말씀으로 지어진 줄을 우리가 아나니 보이는 것은 나타난 것으로 말미암아 된 것이 아니니라." 이 본문은 이 세계가 하나님의 말씀으로 이루어졌다고 말한 뒤에, "보이는 것"(곧, 이 세계)는 "나타난 것"(곧, 물질)을 재료로 만들어진 것이 아니라고 되어 있습니다. 또한 로마서 4장 17절은 하나님이 "없는 것을 있는 것 같이 부르신다"고 되어 있는데, 이 본문에서 없는 것을 있는 것 같이 부르신다는 말이 곧 아무런 재료를 사용하지 않고도 물질을 만드실 수 있음을 말하고 있습니다.

이처럼 재료를 사용하지 않고 무로부터 이 세계를 만드셨다는 사상은 기독교에서 말하고 있는 독특한 세계관이라는 점에 우리는 유의하지 않으면 안됩니다. 다른 이방종교들이나 철학에서는 어떤 형태로든 이미 있는 재료를 근거로 해서 세계가 이루어진 것으로 말합니다. 여기에는 두 가지 유형이 있습니다.

1. 이 세계를 만든 자와 그가 만든 세계가 질적으로 같다고 주장하는 견해입니다. 예를 들어서 희랍신화에서는 하늘을 의미하는 '우라노스' 신과 땅을 의미하는 '게'라는 이름의 신이 결혼을 해서 낳은 것이 이 우주에 있는 모든 만물이라고 가르쳤습니다. 그렇게 되면 이 세계는 '우라노스'신과 '게'신의 몸 그 자체를 재료로 해서 생성된 것이니까, 세계와 신은 동질이 됩니다. 초대교회를 어지럽히던 이단인 영지주의라는 사상에서는 신성의 충만함이 넘쳐 흘러나와서 생성된 것이 이 세상이라고 가르쳤습니다. 여기서도 세상은 신의 몸을 재료로 사용한 것이 되고, 신과 세계는 동질이 됩니다. 그러나 창세기에서 성부 하나님이 천지를 만

드셨다고 했을 때 사용된 만든다(창조한다)는 동사는 앞에서 말한 희랍 신화에서 사용된 낳는다는 동사와는 다릅니다. 어머니가 아이를 낳을 때는 아이가 어머니의 몸에서 재료를 취했기 때문에 어머니와 아들이 동질입니다. 그러나 시계공이 시계를 만든다고 할 때는 시계와 시계공은 질적으로 다른 존재입니다. 하나님은 세계와 질적으로 다르다는 것이 성경의 창조관의 중요한 특징입니다.

2. 재료를 가지고 세계를 만들었다는 것을 말하는 다른 한 가지 견해는 플라톤이라는 철학자에게서 볼 수 있는 견해로서, 원래 이 세계는 카오스 곧, 무질서하고 혼돈스러운 상태였는데, '데미우르고스'라는 창조의 신이 나타나서 이 무질서하게 널려있는 재료를 잘 정돈하고 거기에 형태를 부여한 것이 이 세계라고 주장합니다. 이 견해에 의하면 창조라는 것은 그저 있는 재료를 잘 정돈한 것밖에 되지 않는데, 이것은 무로부터 세계를 창조한 것으로 말하고 있는 성경의 창조관과 근본적으로 다른 견해입니다.

세계를 창조하신 하나님은 세계를 섭리하신다

그런데 사도신경의 성부 하나님 고백에는 매우 중요한 사상이 빠져 있습니다. 사도신경에는 하나님이 천지를 창조하셨다는 내용만이 들어 있는데, 사실상 창조이야기와 언제나 함께 항상 뒤따라야 할 진리는 하나님이 이미 창조하신 이 세계를 내버려 두지 않으시고 이 세계안에 임재하셔서 만드신 세계를 유지하고 관리하고 다스리신다는 것입니다. 이처럼 이미 만들어 놓은 세계를 유지하고 관리하고 다스린다는 것을 한마디로 요약해서 하나님의 섭리라고 말합니다. 창조와 섭리는 항상 같이 생각해야 합니다. 새 자동차가 한 대 생겼을 때를 한번 생각해 보면 그 이유를 쉽게 알 수 있습니다. 자동차가 새로 생긴 것만으로 일이 다

끝난 것이 아닙니다. 자동차가 생겼으면 그 이후에는 자동차의 오일도 교환해주고 기름도 넣어주고 정기검사도 받고 부품도 갈아주는 관리를 끊임없이 해주어야 합니다. 이처럼 창조하신 세계를 섭리하시는 것이 필요하게 됩니다.

이 세계를 창조하시는 사역에 성부와 성자와 성령이 모두 참여했듯이, 이 세계를 섭리하는 사역도 물론 성부 하나님이 주도하시지만 역시 삼위 하나님이 모두 참여하십니다. 요한복음 5장 17절에서 예수님은 말씀하시기를, "내 아버지께서 이제까지 일하시니 나도 일한다"고 말씀하심으로써, 성부 하나님이 이 세계를 창조한 뒤에도 계속 섭리하고 계신다는 것을 말한 뒤에(내 아버지께서 이제까지 일하시니) 성자 하나님도 이 세계를 관리하는 섭리사역에 참여하고 계심(나도 일한다)을 보여 줍니다. 히브리서 1장 3절에 보면 성자 예수 그리스도께서 "만물을 붙드신다"고 되어 있는데, 이것도 성자 하나님의 섭리사역 참여를 말합니다. 또한 이미 인용한 바 있는 시편 104편 30절에 보면 "주의 영을 보내서 저희를 창조하실 뿐만 아니라 지면을 새롭게 하신다"고 되어 있는데, 여기서 주의 영이 지면을 새롭게 하신다는 표현은 성령께서 이 세계를 유지하고 관리하고 다스리는 사역에 참여하고 계심을 보여 줍니다.

창조주 하나님이 어떻게 우리의 친근한 아버지가 되시는가?

그런데 매우 놀랍고 신비로운 일은 이 크신 우주를 말씀 한 마디로 만드시고, 만드신 우주를 섭리하시는 우주보다 크신, 장엄하시고 전능하시고 거룩하시며 위엄으로 가득찬 이 성부 하나님을 우리가 우리의 친근한 아버지로 부를 수 있게 되었다는 사실입니다. 우리는 이토록 크시고 위대하신 분을 어린아이가 아빠에게 어리광을 부리듯이 우리의 "아바 아버지"로 부르는 믿어지지 않는 특권을 누리고 있습니다. 바울은 로마서 8장 14-16절에서 이렇게 고백합니다. "무릇 하나님의 영으로 인도함을 받는 그들은 곧 하나님의 아들이라 너희는 다시 무서워하는 종의 영을 받지 아니하였고 양자의 영을 받았으므로 아바 아버지라 부르짖느니라 성령이 친히 우리 영으로 더불어 우리가 하나님의 자녀인 것을 증거하시나니." 또한 갈라디아서 4장 6절은 또 이렇게 말합니다. "너희가 아들인 고로 하나님이 그 아들의 영을 우리 마음 가운데 보내사 아바 아버지라 부르게 하셨느니라." 이처럼 만물의 찌끼만도 못한 죄인이요, 비천한 우리 인간들이 이 크신 성부 하나님을 우리의 아바 아버지로 부를 수 있게 되었으므로 우리는 이 하나님께 경배하고 감사하고 찬양하지 않을 수 없습니다. 그런데 어떻게 우리가 이 크신 성부 하나님을 친근한 우리의 아바 아버지로 부를 수 있게 되었습니까? 바로 성자 하나님이 이룩하신 구속사역이 있었기 때문입니다. 따라서 이제 사도신경은 성자 하나님에 관한 고백으로 넘어갑니다.

4
성자 하나님 1:
외아들이신 우리 주 예수 그리스도
요한복음 1:14 등

사도신경의 고백은 성부 하나님에 관한 짧은 고백문이 있은 다음 곧 바로 성자 하나님에 관한 고백으로 넘어갑니다. 성자 하나님에 관한 고백은 사도신경 고백문 전체의 3분의 2를 차지할 만큼 중요하게 취급됩니다. 여기에는 몇가지 이유가 있습니다.

그 첫번째 이유는, 이 우주를 만드시고 섭리하시는 창조주 하나님이 바로 우리의 친근한 아버지가 되실 수 있는 근거가 바로 성자 하나님의 사역에 있기 때문입니다. 성자 하나님의 사역이 없으면 성부 하나님은 타락한 인간이 감히 접근할 수 없는 심판과 공의의 하나님으로 우리와 만나게 됩니다. 우리가 말할 수 없이 큰 죄악을 용서받고, 하나님의 양자로 인정되고, 하나님의 나라의 백성이 되어서 영생의 소망을 가지고 살아갈 수 있게 된 근거가 바로 성자 하나님의 사역에 있습니다. 따라서 성자 하나님이 사도신경에서 가장 비중있게 다루어지는 것은 자연스러운 일입니다.

두번째 이유는, 성부와 성자와 성령의 존재가 모두 신비와 경이로움으로 가득차 있지만, 그 가운데서도 특별히 성자 하나님이 인간의 몸을 입고 이 세상에 오신 성육신사건은 신비중의 신비로서, 인간의 논리로 이해할 수 있는 부분이 거의 없고 다만 믿음으로 고백할 수밖에 없는 내용으로 이루어져 있기 때문에 고백문인 사도신경에서 중요하게 취급된 것입니다.

성자 하나님에 관한 고백의 내용개관

사도신경안에 있는 성자 하나님에 대한 고백은 세 부분으로 구성되어 있습니다.

1) 오늘 우리가 다루려고 하는 "그 외아들 우리 주 예수 그리스도"라는 고백문은 예수님은 어떤 분이신가, 곧, 예수님의 인격 또는 품위를 말하고 있습니다. 2) "이는 성령으로 잉태하사 동정녀 마리아에게 나시고, 본디오 빌라도에게 못박혀 죽으시고, 장사한 지 사흘만에 죽은 자 가운데서 다시 살아나시며"라는 고백문은 예수님의 지상생애와 지상에서 하신 일을 말하고 있습니다. 이 부분은 "예수"에 해당하는 부분입니다. 3) "하늘에 오르사, 전능하신 하나님 우편에 앉아 계시다가 저리로서 산 자와 죽은 자를 심판하러 오시리라"는 고백문은 예수님의 천상에서의 삶과 사역을 말하고 있습니다. 이 부분은 "그리스도"에 해당하는 부분입니다.

외아들과 주의 의미

성자 하나님에 관한 고백은 "그 외아들"이라는 표현으로부터 시작됩니다. 여기서 "그"라는 대명사는 성부 하나님을 가리킵니다. 외아들은 외아들인데 누구의 외아들이냐? 바로 성부 하나님의 외아들입니다. 이 고백의 성경적 근거는 요한복음에 있는 다음과 같은 본문들입니다. "말씀이 육신이 되어 우리 가운데 거하시매 우리가 그 영광을 보니 독생자의 영광이요 은혜와 진리가 충만하더라… 본래 하나님을 본 사람이 없으되 아버지 품속에 있는 독생하신 하나님이 나타내셨느니라"(요한복음 1:14,18). "하나님이 세상을 이처럼 사랑하사 독생자를 주셨으니 이는 저를 믿는 자마다 멸망치 않고 영생을 얻게 하려 하심이라"(요한복음 3:16). 여기서 "외"라는 말은 "하나"라는 숫자 개념을 강조하는 표현이라기보다는 "독특하고 특별하다"는 뜻을 가집니다. 그러면 성자 하나님은 어떤 점에서 독특하고 특별할까요? 성자 하나님은 두 가지 점에서 독특하고 특별합니다.

첫째로, 성자 하나님은 성부 하나님의 각별한 사랑을 받는 분이라는 점에서 독특하고 특별합니다. 예를 들어서 우리 가운데 삼대독자가 있으면 부모님은 이 독자를 어떻게 생각할까요? 각별히 아끼고 애정을 가지고 돌보지 않겠습니까? 마찬가지입니다. 성자 하나님이 성부 하나님의 외아들이라는 말은 성자 하나님이 성부 하나님의 각별한 사랑을 받는 아들임을 뜻합니다. 어떤 다른 존재도 성자 하나님이 성부 하나님으로부터 받는 것과 같은 사랑을 받을 수가 없습니다. 그러므로 마태복음 3장 17절에서 성부 하나님은 세례를 받으시는 성자 하나님을 향한 마음을 이렇게 표현하셨습니다. "하늘로서 소리가 있어 말씀하시되 이는 내 사랑하는 아들이요 내 기뻐하는 자라 하시니라." 또 예수님이 베드로와 야고보와 요한을 데리고 산위에 올라가셔서 기도하실 때도 성부 하나님은 같은 말씀을 하셨습니다. "홀연히 구름이 저희를 덮으며 구름속에서 소리가 나서 가로되 이는 내 사랑하는 아들이요 내 기뻐하는 자니 너희는 저의 말을 들으라"(마태복음 17:5).

둘째로, 성자 하나님은 성부 하나님과 본질이 같다는 점에서 독특하고 특별합니다. 세상에 있는 어떤 인간도, 또 천사나 그 누구라도 성부 하나님과 본질이 같은 하나님이라고 주장할 자격이 없습니다. 그런 주장을 할 자격이 있는 분은 오직 성자 하나님뿐입니다. 성자 하나님과 성부 하나님이 본질이 같다는 생각은 "아들"이라는 표현에 나타나 있습니다. 성자 하나님이 성부 하나님의 아들이라는 말은 성부께서 성자를 낳았다는 뜻입니다. "내가 영을 전하노라 여호와께서 내게 이르시되 너는 내 아들이라 오늘날 내가 너를 낳았도다"(시편 2:7). 물론 여기서 낳는다고 할 때는 사람이 자식을 낳는 것과 똑같은 방법으로 성부께서 성자를 낳았다는 뜻은 아니고 사람이 자식을 낳을 때 나타나는 한 가지 특징이 성부와 성자의 관계에서도 나타난다는 의미입니다. 그 특징이 무엇일까요? 그 특징은 낳은 어머니와 태어난 아들은 본질이 같다는 것입니다. 어머니가 사람이면 낳는 아들도 사람입니다. 사람이라는 본질에 있어서 같다는 말입니다. 사람이 자식을 낳았는데 본질이 다른 예쁜 시계가 나왔다든지, 아니면 고양이 한 마리가 나온다는 것은 있을 수 없습니다. 사람 어머니의 몸에서는 사람이 나오게 되어 있습니다. 그처럼 성부께서 낳은 아들이 성자라는 말은 성부와 성자는 하나님이라는 본질에 있어서 같다는 것을 뜻합니다. 간단히 말해서 성자도 하나님이라는 뜻입니다. 그러므로 요한복음에서 예수님은 "나(성자 예수님)와 아버지는 하나"라고 말씀하신 것입니다(요한복음 10:30).

교회역사를 살펴 보면, 성자 하나님이 성부 하나님과 본질이 같다는 말을 받아들이지 못한 사람들 때문에 심각한 논쟁이 있었습니다. 그 이유는 어떤 성경본문은 성부 하나님이 성자 하나님보다 더 크신 하나님이라고 말하고 있기 때문입니다. 예를 들어서 요한복음 14장 28절에 보면 성자이신 예수님이 스스로 "아버지는 나보다 크심이니라"고 말씀하십니다. 이 말씀은 예수님이 성부 하나님보다 열등하다는 뜻이 아니라 예수님도 성부 하나님과 동등한 하나님이시지만 그럼에도 불구하고 성부께 철저히 순종하시는 예수님의 겸손을 표현하는 것인데, 이 말씀을 잘못 이해하여 "그렇다면 같은 하나님이라도 성부는 성자보다 크신 분이라고 보아야 하지 않느냐?"라는 의문이 생기게 된 것입니다. 따라서 어떤 사람들은 성자 하나님의 본질이 성부 하나님과 똑같은 것은 아니고 다만 비슷하다고 주장하면서 아무래도 성자 하나님은 성부 하나님보다는 열등한 분이다라고 생각했습니다. 이들을 유사본질파 또는 호모이우시오스파라고 부릅니다. 호모이/우시오스라는 표현은 라틴말인데, 호모이는 유사하다는 뜻이고, 우시오스는 본질이라는 뜻이니까 본질이 유사하다는 뜻입니다. 이렇게 유사본질파가 교회를 지배할 때, 아타나시우스라는 유명한 감독이 나타나서 "아니다, 성부와 성자의 본질이 유사하다고 말하게 되면 복음을 파괴하는 것이다"라고 비판하면서 호모이우시오스가 아니라 "이"를 빼고 호모/우시오스라고 해야 한다고 주장했습니다. 호모는 동일하다는 뜻이고 우시오스는 본질이라는 뜻이니까 이 두 단어를 합하면 본질이 같다는 뜻이 됩니다. 따라서 아타나시우스를 추종하는 자들을 동일본질파 또는 호모우시오스파라고 합니다.

이 논쟁이 벌어지던 당시에 황제의 지원을 받던 자들이 유사본질파였고, 이들이 절대다수를 점유하고 있었기 때문에 아타나시우스는 황제의 미움을 받아 쫓겨났습니다. 그러나 아타나시우스는 쫓겨다니면서도 팜플렛을 통해서 계속 줄기차게 "호모우시오스" 곧 "동일본질"을 주장했습니다. 그러다가 아타나시우스를 핍박한 황제가 죽은 다음 379년 콘스탄티노플 종교회의때, 숫적, 정치적, 합리적으로 절대적으로 불리한 가운데서도 아타나시우스의 확신에 찬 명쾌하고 설득력있는 주장에 감동된 회의 참석자들이 숫적으로 절대 강세였던 유사본질파를 이단으로 정죄하고 동일본질론을 정통교리로 채택하는 기적이 일어나서 카톨릭교회와 개신교회가 다같이 고백하는 교리로 정착이 되었습니다. 그 이후 1600년이 넘는 긴 기간동안 교회는 인간의 논리에 더 잘 들어맞는 유사본질론을 버리고 인간의 논리에 맞지 않는 동일본질론위에 서 왔는데, 이것은 인간의 합리적 사고와 대결하여 성령과 하나님의 말씀이 거둔 승리라고 할 수 있는 것입니다. 곧 "하나님의 미련한 것이 사람보다 지혜 있고 하나님의 약한 것이 사람보다 강하니라"는 고린도전서 1장 25절의 말씀이 입증된 것입니다.

성자께서 성부 하나님과 동일한 하나님이라는 사실은 "우리 주"라는 표현에서 더욱 분명해집니다. 우리 말로 "주"라고 번역된 헬라어 큐리오스(kyrios)는 구약성경에 등장하는 히브리어인 "여호와"(야훼) 하나님을 번역한 것입니다. 구약성경에는 성부 하나님을 가리키면서 여호와라는 말을 썼는데, 이 용어에 상응하는 용어인 주라는 용어가 신약성경에서는 성자 하나님를 가리키는 용어로 사용된 이유는 성자 하나님도 성부 하나님과 동등한 하나님이기 때문입니다.

예수의 의미

사도신경은 계속해서 성자 하나님을 예수 그리스도라고 고백합니다. 먼저 예수라는 이름의 뜻에 대하여 살펴 보겠습니다. 성자 하나님에게 예수라는 명칭이 부여된 것은 마태복음 1장 21절에서 기원합니다. 마태복음 1장 20-23절은 잘 알려진 것처럼 천사를 통하여 성자 하나님이 이 땅위에 인간으로 탄생할 것을 알리는 수태고지(受胎告知)를 기록한 본문입니다. 여기서 천사가 나타나 마리아에게 이렇게 말합니다. "이 일을 생각할 때에 주의 사자가 현몽하여 가로되 다윗의 자손 요셉아 네 아내 마리아 데려오기를 무서워말라 저에게 잉태된 자는 성령으로 된 것이라 아들을 낳으리니 이름을 예수라 하라 이는 그가 자기 백성을 저희 죄에서 구원할 자이심이라 하니라"(1:20,21). 성부 하나님은 천사를 통하여 땅위에 태어날 성자 하나님의 이름을 예수라고 짓도록 명령하셨습니다. 동시에 그 뜻까지 알려 주셨는 바, 그 뜻은 "구원자"입니다. 이 이름은 구약성경에서 자주 등장하는 이름인 여호수아라는 이름과 같은 뜻입니다. 요셉과 마리아는 이 명령을 기억했다가 성자 하나님이 태어나신 지 8일만에 할례를 받으실 때 천사의 지시에 따라서 아기의 이름을 예수라고 지었습니다. 이후에 예수라는 이름은 베들레헴에서 태어나셔서 나사렛에서 목수의 아들로 자라시고, 성년이 되신 후에는 갈릴리 지방에서부터 공생애 3년간의 사역을 시작하셨다가 예루살렘에서 십자가 위에서 죽임을 당하신 한 인간을 뜻하는 명칭으로 불리워졌습니다.

그리스도의 의미

다음으로 그리스도라는 명칭에 대하여 살펴 보겠습니다. 그리스도라는 말은 기름부음을 받았다는 뜻입니다. 기름을 붓는 것은 어떤 직분을 위임할 때 거행하는 예식을 말합니다. 그러면 언제 예수님은 기름부음을 받고 직분을 위임받으셨는가? 예수님이 공생애사역을 시작하시기 직전 세례를 받으실 때였습니다(마태복음 3:16-17). 예수께서 세례요한으로부터 세례를 받고 물에서 올라오실 때 성령이 비둘기같이 예수님위에 임하셨는데, 이것이 바로 예수님이 기름부음을 받으시고 직분을 위임받으신 것을 뜻합니다. 성령이 예수님위에 강림하심으로써 예수님께 능력을 더하셨고, 성부 하나님께서는 예수님을 가리켜서 "내 사랑하는 아들이요 내 기뻐하는 자라"고 선포해 주심으로써 예수님의 신분을 공인해 주셨습니다. 이 일이 있고 난 후 곧바로 예수님은 사역을 시작하셨습니다.

그러면 예수님이 그리스도로서, 곧 사역을 위임받은 기름부음을 받은 자로서 하신 일은 어떤 일들입니까? 그 실마리를 우리는 구약시대에 기름부음을 받았던 세 직분을 살펴 봄으로써 알 수 있습니다. 구약시대에 기름부음을 받고 사역을 시작할 수 있었던 직분에는 세 가지가 있었는데, 첫째는 선지자요, 둘째는 대제사장이요, 셋째는 왕입니다.

1. 기름부음을 받은 선지자는 하나님의 계시의 말씀을 받아서 백성들

에게 전하고 가르친 사람들입니다. 이처럼 예수님은 설교와 많은 가르침을 통해서 하나님의 비밀스러운 뜻과 지혜를 우리에게 드러내셨습니다(요한복음 8:28).

2. 다음으로 기름부음을 받은 대제사장은 희생제물의 피를 들고 지성소안에 들어가서 하나님 앞에 나아가 이스라엘 백성들의 죄악을 용서해 달라고 간구하는 일을 했습니다. 이처럼 예수님은 자기 몸을 완전하고 흠없는 희생제물로 드림으로써 죄인인 인간들이 하나님앞에 나아가서 죄를 용서받고 구원받을 수 있는 길을 열어 놓으셨습니다. “친히 나무에 달려 그 몸으로 우리 죄를 담당하셨으니 이는 우리로 죄에 대하여 죽고 의에 대하여 살게 하려 하심이라 저가 채찍에 맞음으로 너희는 나음을 얻었나니”(베드로전서 2:24). 죽음을 이기고 부활하신 후에는 지금도 살아서 우리를 위하여 끊임없이 간구하심으로써 하나님과 인간들 사이를 계속 연결시켜 주는 중보자의 역할을 하고 계십니다. 로마서 8장 34절은 중보자이신 예수 그리스도께서 우리를 위하여 끊임없이 간구하신다는 것을 이렇게 말합니다. “누가 정죄하리요 죽으실 뿐 아니라 다시 살아나신 이는 그리스도 예수시니 그는 하나님 우편에 계신 자요 우리를 위하여 간구하시는 자시니라.” 이와같이 성자 하나님이 우리를 위하여 끊임없이 간구하고 계시기 때문에 아무도 우리를 그리스도의 사랑에서 끊을 수 없으니, 곧, 환난이나 곤고나 핍박이나 기근이나 적신이나 위험이나 칼로도 끊을 수 없고 높음이나 깊음이나 다른 아무 피조물이라도 우리를 우리 주 그리스도 예수 안에 있는 하나님의 사랑에서 끊을 수 없다고 바울은 계속해서 노래합니다.

3. 마지막으로 구약시대에는 왕이 기름부음을 받았습니다. 왕으로 기름부음을 받으신 예수님은 말씀과 성령을 통하여 성도들을 다스리시며 보호하시며 보존하십니다. 예수 그리스도께서는 하늘과 땅의 모든 권세를 가진 우주의 왕으로 등극하신 것입니다.

이상에서 말한 세 가지 직분에 대한 설명은 그리스도라는 명칭은 성자 하나님의 하나님 되심 곧, 신성을 강조하는 명칭임을 보여 줍니다.

예수가 곧 그리스도다

그런데 중요한 것은 예수께서 바로 그리스도라는 진리입니다. 역사상 예수라는 한 인간이 존재했다는 것을 믿지만 그 예수가 하나님이신 그리스도임을 믿지 않을 수도 있습니다. 예수님을 단순히 공자나 석가모니나 마호멧트와 같은 비범하고 탁월한 인간으로 보는 양자론이 그 대표적인 사례입니다. 또한 하나님이신 그리스도는 믿으면서 인간이신 예수를 믿지 않을 수도 있습니다. 곧, 예수님은 성부 하나님이 예수라는 가면을 살짝 뒤집어 쓰고 나타난 것이라고 주장하는 양태론이 그 대표적인 사례입니다. 이 두 가지 입장은 379년의 콘스탄티노플공의회에서 이단으로 정죄당한 후 다시는 교회회의에서 거론되지 않음으로써 일단락되었습니다.

그런데 또 한 가지 오해가 남아 있었습니다. 그것은 인간 예수도 믿고 하나님이신 그리스도도 믿는데, 예수와 그리스도가 서로 별개의 성품으로서 서로 아무런 관계가 없다고 믿는 입장을 말합니다. 곧 예수님 안에는 인성과 신성이 있기는 있는데, 인성과 신성이 따로따로 논다는 것입니다. 그래서 예수님은 마치 한 인간의 인격안에 인성과 신성이라는 두 머리를 가진 괴물 비슷한 존재로 해석하는 경향이 등장했습니다. 이같은 주장을 편 사람이 경교의 창시자가 된 네스토리우스입니다. 네스토리우스는 주후 451년에 소집된 칼케돈공의회에서 이단으로 정죄되었습니다. 이 회의에서 예수님 안에 있는 인성과 신성은 예수님의 한 인격안에서 신비롭고 조화로운 모습으로 통일을 이룬다는 입장이 확립된 후 오늘까지 교회의 정통교리로 확립되었습니다.

왜 예수님은 인간이시면서 하나님이셔야 하는가?

그러면 왜 성자 하나님은 인간(예수)이시면서 동시에 하나님(그리스도)이셔야 했는가? 첫째로, 인류를 대신하고 대표하여 죄의 댓가를 받기 위해서는 반드시 인간과 똑같은 성정을 가진 인류의 한 사람이어야만 했습니다. 하나님의 공의의 요구는 인간이 범죄했으므로 대신 죄의 형벌을 받을 때 인간이 그 형벌을 받을 것을 요구합니다. 따라서 예수님은 인류의 대표로서, 육체와 영혼의 모든 본질적 특성뿐만 아니라 인류의 고뇌에 대한 경험적 지식과 타락한 이후에 인류가 가지고 있는 허약함을 그대로 가진 인성을 취할 필요가 있었습니다. 참된 인간이라야만 인간의 모든 경험과 시련과 유혹을 이해하고 동정할 수 있기 때문입니다. 그러나 둘째로, 인간이시지만 그는 죄가 없어야만 했습니다. 왜냐하면 다른 사람을 위하여 자기 생명을 대속물로 드리기 위해서는 그 생명이 살아 있는 생명이어야만 하기 때문입니다. 죄를 범한 인간들의 영혼은 하나님과의 관계가 끊어진 죽은 생명이기 때문에 대속물로 드리고 싶어도 드릴 수 없습니다. 뿐만 아니라 하나님께서 온 인류의 죄악을 향하여 쏟아 부으시는 엄청난 무게의 진노를 견뎌낼 수 있기 위해서, 그리고 무한한 가치를 지닌 완전한 희생을 요구하시는 성부 하나님의 요구를 충족시키기 위해서는 그 영혼이 신적인 무한함과 신적인 완전함을 지니지 않으면 안되었습니다. 따라서 예수님은 신성을 지닌 하나님이셔야만 합니다.

5
성자 하나님 2:
지상생애: 탄생, 수난, 죽음
이사야 53장

지난 강의에서 우리는 성자 하나님이 어떤 분이신가에 대하여 공부했습니다. 성자 하나님은 하나님의 각별한 사랑을 받는 외아들로서, 성부와 본질이 같은 하나님이십니다. 그분의 이름은 예수 그리스도입니다. 예수는 인간을 뜻하며, 그리스도는 하나님을 뜻하는 명칭입니다. 곧 예수 그리스도는 인간이시며 하나님이십니다.

오늘은 예수 그리스도라는 두 이름 중에서 예수라는 이름과 관련하여 사도신경에서 고백되고 있는 내용을 공부하겠습니다. 사도신경은 예수님이 이 세상에 태어나셨고(성령으로 잉태하사 동정녀 마리아에게 나시고), 수난을 받으셨고(본디오 빌라도에게 고난을 받으사), 죽으셨다(십자가에 못박혀 죽으시고)고 고백함으로써 예수님의 지상생애를 요약하고 있습니다. 이 고백은 예수께서 역사 안에 실제로 사셨던 한 인간임을 증거하고 있습니다. 이 강의에서는 이와같은 예수님의 지상생애를 탄생, 수난, 죽음이라는 고백의 순서에 따라서 공부하도록 하겠습니다.

예수님의 탄생

사도신경은 예수님의 탄생에 관하여 "성령으로 잉태하사 동정녀 마리아에게 나셨다"고 고백합니다. 예수님은 정상적인 결혼관계를 거치지 않고 성령의 신비롭고 기적적인 사역에 의하여 잉태되었고 처녀의 몸에서 태어나셨습니다. 성관계 없이 처녀의 몸에서 사람이 태어난다는 것은 평범한 인간의 이성으로 납득할 수 있는 진리가 아닙니다. 물론 근래에는 과학이 발달함에 따라 성적인 결합을 거치지 않고도 생명이 태어날 수 있는 길이 열렸습니다. 예컨대 단순히 세포조직에 속한 유전자만 잘 배양해도 똑같은 형태의 생물체를 탄생시킬 수 있게 된 것입니다. 그러나 이와같은 과학의 획기적인 발전도 예수님의 동정녀 탄생을 설명하는 데는 아무런 도움이 되지 않습니다. 왜냐하면 예수님은 마리아의 세포안에 있는 유전자를 뽑아내서 배양한 결과로서 탄생한 분이 아니라 오직 성령 하나님의 신비로운 작용에 의하여 잉태되었기 때문입니다.

예수님의 동정녀 탄생은 구약성경 이사야 7장 14절에 예언된 바 있습니다. "그러므로 주께서 친히 징조로 너희에게 주실 것이라 보라 처녀가 잉태하여 아들을 낳을 것이요 그 이름을 임마누엘이라 하리라." 본문에 보면 처녀가 잉태하여 아들을 낳을 것이라고 했는데, 처녀라는 단어는 그냥 평범한 여인이라는 뜻도 있고 처녀라는 뜻도 있습니다. 따라서 예수님의 동정녀 탄생을 믿지 않는 자유주의 신학자들은 이 단어를 그냥 여인으로 해석해야 한다고 주장합니다. 그러나 본문은 이 사건을 하나의 징조라고 말하고 있는데, 징조라는 것은 평범하게 일어나는 일을 가리키는 것이 아니라 어떤 특별한 사건을 가리키는 표현입니다. 그렇다면 그저 평범한 여인이 아들을 낳는 것이 무슨 징조가 될 수 있겠습니까? 처녀가 잉태하는 특별한 사건이 일어나야 징조라고 말할 수 있지 않겠습니까? 따라서 이 본문의 문맥 자체가 처녀잉태를 뒷받침하고 있습니다.

그렇다면 예수님은 왜 정상적인 결혼관계를 거치지 않고 이처럼 특별한 방법으로 태어나셔야만 했는가? 먼저 예수님이 성령으로 잉태되었다는 말은 예수님이 하나님이심을 증거하는 것입니다. 하나님이신 성령에 의하여 잉태되었으므로 잉태된 자는 하나님이 아닌 다른 존재가 될 수 없습니다. 이처럼 하나님이시기 때문에, 그리고 탄생의 기원이 성령이시기 때문에 예수님은 죄가 없으신 분이 됩니다. 그러나 다른 한편으로 예수님은 마리아의 몸 안에서 마리아로부터 자양분을 취하면서, 또 마리아의 정신적인 상태의 영향을 받으면서 자라셨습니다. 이같은 태중의 성장과정은 예수님이 우리 인간들과 같은 인성을 가지셨다는 것을 뜻합니다. 이처럼 예수님의 탄생 이야기는 예수님이 신성과 인성을 동시에 가지신 분임을 강하게 증거하고 있습니다. 히브리서의 다음과 같은 두 본문은 예수님이 죄가 없으신 하나님이시면서도(신성) 동시에 우리와 똑같은 성정을 가진 인간임을(인성) 분명하게 보여줍니다. "우리에게 있는 대제사장은 우리 연약함을 체휼하지 아니하는 자가 아니요 모든 일에 우리와 한결같이 시험을 받은 자로되 죄는 없으시니라"(4:15). "이러한 대제사장은 우리에게 합당하니 거룩하고 악이 없고 더러움이 없고 죄인에게서 떠나 계시고 하늘보다 높이 되신 자라"(7:26). 이 본문에서 "대제사장"은 예수님을 뜻합니다. "우리 연약함을 체휼하지 아니하는 자가 아니요 모든 일에 우리와 한결같이 시험을 받은 자"라는 표현은 예수님이 우리와 같은 인간이셨음을 보여줍니다. "죄는 없으시니라… 거룩하고 악이 없고 더러움이 없고 죄인에게서 떠나 계시고"는 죄없는 인간임을 보여주며, "하늘보다 높이 되신 자라"는 표현은 하나님임을 보여줍니다.

그러면 왜 예수님은 인간이시면서 동시에 죄가 없으신 하나님이셔야만 했는가? 먼저 예수님이 인간이셔야만 했던 이유를 생각해 보겠습니다. 이 질문에 대한 답변은 에스겔 18장 4,20절 말씀에 나타나 있습니다. "모든 영혼이 다 내게 속한지라 아비의 영혼이 내게 속함같이 아들의 영혼도 내게 속하였나니 범죄하는 그 영혼이 죽으리라… 범죄하는 그 영혼은 죽을지라 아들은 아비의 죄악을 담당치 아니할 것이요 아비는 아들의 죄악을 담당치 아니하리니 의인의 의도 자기에게로 돌아가고 악인의 악도 자기에게로 돌아가리라." 이 본문이 말하고자 하는 바는 어떤 사람이 의를 행했을 경우에는 그 의에 대한 보상이 그 의를 행한 사람에게 돌아가듯이, 어떤 사람이 범죄하여 죽음이라는 형벌을 받게 될 경우에 그 형벌도 범죄를 행한 사람이 받아야 한다는 것입니다. 한마디로 이 본문은 하나님의 공의를 말하고 있습니다. 하나님의 이와같은 공의의 원리에 근거하여 추론해낼 수 있는 진리는 **인간**이 범죄를 했을 경우에 그 범죄에 대한 형벌은 **인간**이 받아야 한다는 것입니다. 따라서 예수님이 하나님의 계획에 따라서 인간이 받아야 할 형벌을 대신 받으실 수 있기 위해서는 반드시 우리와 같은 성정을 가진 인간이라야 합니다. 인간이 아닌 다른 피조물, 예컨대, 동물이나 천사가 대신 받을 수 없습니다. 왜냐하면 그렇게 되면 악을 행한 자와 형벌을 받는 자가 동등할 것을 요구하는 하나님의 추상과 같은 공의를 충족시킬 수 없기 때문입니다. 예수님이 인간들의 대표로서 형벌을 받으시기 위해서는 인간의 모든 연약함과 고통과 시련과 유혹이 어떤 것인가를 아시는 온전한 인간이시지 않으면 안됩니다.

그런데 문제는 인간이 죄를 범한 타인의 형벌을 대신 받는다고 할 때, 과연 죄인인 인간이 죄악을 향하여 쏟아 부으시는 하나님의 진노를 견뎌낼 수 있을까라는 것입니다. 이런 사정을 나훔 선지자가 이렇게 한탄합니다. "누가 능히 그 분노하신 앞에 서며 누가 능히 그 진노를 감당하랴 그 진노를 불처럼 쏟으시니 그를 인하여 바위들이 깨어지는도다" (나훔 1:6). 또 시편 130편 3절도 이렇게 노래합니다. "여호와여 주께서 죄악을 감찰하실진대 주여 누가 서리이까." 그렇습니다. 우리 인간들은 하나님이 죄에 대하여 내리시는 추상과 같고 조금도 치우치지 않는 진노와 형벌을 도저히 감당해낼 수 없습니다. 온 인류가 범한 헤아릴 수조차 없이 많고 악독하기 이를 데 없는 죄악들에 대하여 성부 하나님이 내리시는 어마어마한 무게의 진노와 심판과 형벌을 누가 감히 감당해낼 수 있겠습니까? 이 엄청난 무게의 진노와 형벌을 감당해내실 수 있는 분은 하나님뿐입니다. 따라서 예수님은 하나님이셔야만 합니다.

그런데 이와 동시에 성부 하나님앞에 온전한 제물로 자신을 드릴 수 있기 위해서는 그 인성에 있어서 참으로 흠이 없고 깨끗한 성품을 지니셔야만 했습니다. 따라서 예수님은 우리와 다름없는 인성을 지닌 인간이시면서도 그 인성은 흠이 없고 완전하시지 않으면 안되었습니다. 이처럼 우리의 형벌을 대신 받으실 수 있는 구속주는 첫째, 우리와 성정이 같은 인간이시면서, 둘째, 그 인성은 무죄한 인성이셔야만 했으며, 셋째, 하나님이셔야만 했는데, 예수님이 바로 이 조건들을 완전히 충족시켜 주셨던 것입니다.

여기서 우리는 잠깐 마리아에 대하여 언급하고 지나가야 하겠습니다. 로마 카톨릭교회에서는 마리아가 예수님을 낳았다는 사실을 너무나 높인 나머지 마리아를 한없이 높여서 마리아는 죄없이 잉태되었으며, 우리의 중보자이며, 죽지 않고 하늘로 올리움을 받았다고 주장하는데, 이것은 미신적이며 비성경적인 생각입니다. 마리아는 아기예수의 수태고지를 받을 때도 예수님을 "내 구주"라고 겸손하게 고백했고, 자신을 비천한 계집종이라고 낮추었으며, 천사의 명령에 순종하는 태도를 취함으로써 철저하게 자신이 평범한 한 여인에 지나지 않음을 의식했습니다. 또한 마리아는 평생을 동정녀로 남아 있었던 것이 아니고, 곧 요셉과 평범한 남녀관계를 가져서 자녀들을 계속해서 낳음으로써 평범한 목수의 아내로 돌아갔습니다. 그리고 예수님이 부활승천 하신 후에는 다른 제자들 틈에 끼어서 같이 기도하면서 성령의 강림을 기다렸습니다. 성경은 마리아에 대해서 어떤 특별한 지위도 부여하지 않습니다.

예수님의 수난과 죽음

사도신경은 예수님의 탄생을 고백한 후에 바로 예수님의 수난과 죽음에 관한 고백으로 넘어갑니다. 예수님이 받으신 수난과 죽음은 두 차원으로 구성되어 있습니다. 먼저 예수님은 사람으로부터 버림을 받으십니다. 그 다음에는 성부 하나님으로부터 버림을 받으십니다. 특별히 예수님의 수난과 죽음이 단순히 인간으로부터 버림을 받는 것에 머무르는 것이 아니라 성부 하나님으로부터도 버림을 받는 것이었다는 사실을 유념해야만 예수 그리스도의 고난과 고통의 깊이를 깨달을 수 있게 됩니다. 예수님의 죽음은 죄를 미워하시는 성부 하나님으로부터 버림받은 사건이라는 점에서 순교자들의 죽음과 다릅니다. 순교자들은 죽는 순간 삼위 하나님의 따뜻한 영접과 위로를 받습니다. 그러나 예수님은 십자가에 달려 죽으시는 순간 성부 하나님으로부터 버림을 받았습니다. 그 때문에 예수님이 겟세마네 동산에서 그리고 십자가 위에서 그토록 괴로워하셨고, 될 수 있으면 십자가를 피하려고 했던 것입니다.

예수님의 수난. 예수님의 수난은 가룟 유다가 예루살렘 성전 경찰들을 대동하고 감람산으로 찾아와서 배반의 입맞춤을 하는 것으로부터 시작되었습니다. 예수님이 체포당하자 제자들이 모두 예수를 버리고 도망쳤습니다. 예수님이 체포되어 압송되어 가는 도중에 소동소리에 잠이 깨어 베 홑이불만 걸치고 집밖으로 나왔던 마가는 체포될 듯 하자 몸에 걸치고 있던 베 홑이불을 벗어던지고 도망쳤습니다. 예수님을 멀찌기 따르던 베드로는 주님의 예언대로 닭이 두 번 울기 전에 세 번 예수님을 부인했습니다. 예수님은 체포된 후 유대국의 사법기관인 산헤드린 공의회 앞에서 심리를 받기 위해 죄수의 몸으로 서게 되었습니다. 산헤드린 공의회 의장인 대제사장은 예수님을 향하여 "네가 찬송받을 자의 아들 그리스도냐"고 묻습니다. 이 질문을 받고 예수님은 이렇게 답변하십니다. "내가 그니라 인자가 권능자의 우편에 앉은 것과 하늘 구름을 타고 오는 것을 너희가 보리라." 이 본문에서 "권능자"는 성부 하나님을 뜻하고, "우편에 앉는다"는 것은 성부 하나님의 권능을 가지고 통치한다는 것을 뜻합니다. 곧, 이 말씀은 예수님이 성부 하나님의 권능을 가지고 다스리시는 왕임을 선언하는 것입니다. 뿐만 아니라 예수님은 하늘 구름을 타고 다시 오신다는 점을 강조합니다. 이같은 예수님의 태도는 예수님을 죽이려는 산헤드린 공의회의 시도가 성공할 수 없을 것임을 예언하기도 하는 것입니다. 죽지 않으니까 하나님의 권능을 가지고 세상을 다스리시고 또 다시 오시는 것 아니겠습니까?

그런데 이 답변은 대제사장이 기다렸던 답변입니다. 유대교에서는 성부 하나님만이 하나님으로 인정되었고, 인간이 하나님이라고 주장할 때는 신성모독죄를 범했다고 판단하여 사형판결을 내릴 수 있었기 때문입니다. 이제 예수님 자신의 입으로 자기가 그리스도임을 인정함으로써 자신이 하나님이라는 주장을 했기 때문에 산헤드린 공의회의 계획대로 맞아떨어진 것입니다. 예수님의 답변을 들은 대제사장은 기다렸다는 듯이 옷을 찢어서 하나님을 사칭한 신성모독죄에 대한 분노를 표시한 후 공의회원들과 협의하여 사형을 선고합니다. 그런데 당시 공의회에는 사형선고권은 있었지만 사형집행권은 없었기 때문에 예수님을 사형집행권을 가진 빌라도 총독에게 넘겨야만 했습니다. 공의회는 예수님에게 침을 뱉으며 그의 얼굴을 가리우고 주먹으로 쳤습니다.

빌라도는 자기 앞에 끌려 나온 예수님에게 묻습니다. "네가 유대인의 왕이냐?" 여기서 죄목이 산헤드린 공의회 재판때와 교묘하게 달라진 것을 보게 됩니다. 산헤드린 공의회 재판 때에는 예수님이 "찬송받을 자의 아들 그리스도" 곧, 하나님의 아들을 사칭한 것이 문제가 되었습니다. 왜냐하면 그 죄목이라야만 공의회에서는 사형을 선고할 수 있었기 때문입니다. 그러나 이 죄목은 종교의 자유를 허용하고 있던 총독부 재판에서는 사형선고의 이유가 될 수 없었습니다. 따라서 공의회는 예수님을 빌라도 총독에게 고발할 때는 예수님이 왕을 사칭함으로써 내란죄를 주도한 것으로 살짝 바꾸어서 고발했습니다. 내란죄를 주도했다고 해야 비로소 사형판결을 받아낼 수 있었기 때문입니다.

이 질문을 들으신 예수님은 긍정도 부정도 아닌 애매한 답변을 주셨습니다. "네 말이 옳도다." 질문을 했는데 네 말이 옳다고 하니 빌라도는 어리둥절하여 판결을 내릴 수가 없었습니다. 예수님이 죄가 없다는 사실을 간파한 빌라도는 명절때면 한 사람을 석방시켜 주는 특사제도를 이용하여 예수님을 석방시키려고 시도합니다. 빌라도가 예수님을 석방시키려고 한 의도는 예수님을 석방시킴으로써 예수님을 적으로 간주했던 산헤드린 공의회를 정치적으로 견제하려는데 있었습니다. 그러나 노련한 산헤드린 공의회 회원들은 빌라도가 가장 무서워하는 것이 무엇인가를 꿰뚫어 알고 있었습니다. 따라서 공의회원들은 바라바를 석방시켜 달라는 요청을 하도록 무리를 충동질했습니다. 바라바는 유대백성들 사이에서 추종자가 많았던 정치범으로서 민족해방운동을 하다가 잡혀들어간 인물입니다. 그래도 빌라도가 머뭇거리자 공의회원들은 무리들로 하여금 더욱 크게 소리를 지르도록 사주함으로써 요구를 들어주지 않을 경우에 폭동이 일어날 수도 있음을 시사했습니다. 이것은 빌라도의 약점을 찌른 것입니다. 빌라도는 폭동이 일어나는 것을 가장 두려워했기 때문입니다. 마침내 빌라도는 예수님이 죄가 없다는 사실을 알면서도 예수님을 십자가에 못박도록 넘겨주어 버리고 맙니다. 이렇게 해서 빌라도라는 이름은 2000년 가까이 그리스도인들이 신앙을 고백할 때마다 악명으로 입에 오르내리는 운명을 맞이하게 됩니다.

예수님은 빌라도 앞에서 채찍을 맞습니다. 이 채찍은 납과 날카로운 뼈조각이 달려 있어서 한번 휘두를 때마다 살점이 떨어져 나가고 온 몸은 피범벅이 되고 마는 무서운 채찍이었습니다. 채찍에 맞아서 온 몸이 피투성이가 되신 예수님은 형장으로 끌려가시기 전에 병사들의 놀이개감으로 이용당합니다. 병사들은 예수님을 이용하여 일종의 소극을 연출합니다. 이들은 예수님에게 너덜너덜한 자색 옷을 입히고 가시나무로 엉성하게 면류관을 엮어서 왕의 구색을 갖춘 다음 예수님앞에서 절하는 시늉을 하면서 갈대로 머리를 치며 침을 뱉었습니다. 희롱을 다 마친 후에 다시 예수님이 입으셨던 옷으로 갈아입힌 후, 해골이라는 이름을 가진 골고다 언덕으로 예수님을 끌고 갔습니다. 인간들로부터 철저하게 버림받으신 예수님 곧, 정적인 바리새인들과 헤롯당원들뿐만 아니라 제자들로부터도 버림받으신 예수님은 마침내 골고다 언덕으로 끌려 가셨습니다.

예수님의 죽음. 군병들은 골고다 언덕까지 끌고 온 예수님에게 몰약을 탄 포도주를 주었으나 예수님은 받기를 거부하셨습니다. 당시 몰약을 탄 포도주는 일종의 마취제 역할을 해서 십자가 형을 받는 사람들의 고통을 덜어주기 위해 사용되었습니다. 왜 예수님이 이 포도주 받는 것을 거부하셨을까요? 예수님은 인간들의 죄악에 대하여 내리시는 하나님의 무서운 진노와 형벌에 따르는 고통을 남김없이 받으시고, 그렇게 하심으로써 하나님의 추상과 같은 공의의 요구를 완전히 충족시켜 드리기 위하여 마취제를 받기를 거부하셨습니다. 예수님은 길이가 18센티미터가 되는 대못, 대못이라고 하기보다는 돌을 쪼는 정에 해당하는 못에 두 손과 두 발이 박히신 채 높은 십자가에 달리셨습니다. 예수님의 좌편과 우편에 앉아서 예수님이 받으시는 진노의 잔을 같이 마시겠다고 호언장담했던 요한과 야고보는 어디로 내뺐는지 얼굴도 안 보이고 예수님이 못박히신 십자가 양옆에는 엉뚱한 정치범 두 명이 달려 있었습니다. 십자가에 달리신 시간은 아침 아홉시였습니다. 예수님이 십자가에 못박히신 광경을 보고 대제사장들과 서기관들은 예수님을 희롱하면서 십자가에서 내려와 보라고 소리질렀습니다.

낮 열두시가 되자 갑자기 온 하늘이 캄캄해지면서 어두움이 온 땅을 뒤덮기 시작했습니다. 이 어두움은 성부 하나님이 가장 사랑하는 성자 예수님을 버리고 진노를 그 위에 쏟아 부으시는 광경을 우주 만물이 차마 눈뜨고 볼 수 없어서 얼굴을 가리운 징조였습니다. 이 어두움은 세시간동안 계속되었습니다. 이 세시간 동안에 인류역사상 가장 무섭고 처절하고 비극적인 시간과 사건이 진행되었습니다. 성부 하나님과 성자 하나님 사이에 무서운 균열이 생기고 갈등이 생기고 진노를 쏟아 붓고 사랑의 관계가 끊어져 버리고 이로 인하여 성부 하나님의 마음에 말할 수 없는 고통이 찾아오고, 성자 하나님의 육체와 영혼이 저주를 받아 울부짖는 비참함이 나타난 것입니다. 인간의 죄악이 성부와 성자 사이를 이렇게 갈라놓았던 것입니다. 예수님은 이 어두움의 의미를 아셨기 때문에 이 어두움이 끝나갈 무렵 이렇게 절규하셨습니다. "나의 하나님, 나의 하나님, 어찌하여 나를 버리셨나이까?"

예수님이 이처럼 모든 인간들로부터 버림을 받으실 뿐만 아니라 하나님으로부터도 버림을 받으시고 죽음의 형벌을 받고 난 이후에야 비로소 인간이 하나님을 만날 수 있는 유일한 장소였던 지성소를 가리고 있던 성전의 휘장이 둘로 찢어져서 인간들이 성부 하나님 앞에 나아갈 수 있는 길이 열렸습니다. 성자 하나님의 인류구속사역이 완성된 것입니다. 한 인간으로서 인간의 모든 연약함과 고뇌와 즐거움과 기쁨을 아시는 예수님이 흠없고 죄없는 자신의 몸을 아버지 하나님께 온전한 제물로 드리고 아버지 하나님이 쏟아 부으시는 진노의 잔을 남김없이 마시고 죽음의 형벌을 당하시자 몇천년 이상을 닫혀 있던 성소의 휘장이 찢어지면서 모든 죄인들이 예수 그리스도의 공로를 의지하여 믿음으로 성부 하나님 앞에 나아가 은혜로 값없이 죄사함을 받고 영생에 참여하며 하나님의 자녀가 되는 길이 활짝 열린 것입니다. "나의 의로운 종이… 그들의 죄악을 친히 담당하리라… 그가 자기 영혼을 버려 사망에 이르게 하며 범죄자 중 하나로 헤아림을 입었음이라 그러나 실상은 그가 많은 사람의 죄를 지며 범죄자를 위하여 기도하였느니라"(이사야 53:11,12).

6
성자 하나님 3:
장사지냄과 부활
고린도전서 15:12-20

간단한 복습

이 강의는 성자 하나님이신 예수 그리스도에 관한 고백을 다루는 강의로서는 세번째 강의입니다. 성자 하나님에 관한 고백 첫번째 강의에서 우리는 예수님이 성부 하나님의 외아들이요 예수 그리스도임을 공부했습니다. 예수님이 성부 하나님의 외아들이라는 고백은 성부 하나님의 독특한 아들이라는 뜻인데 이 말은 두 가지 의미를 가집니다. 첫째는, 예수님은 그 어떤 피조물도 받을 수 없는 성부 하나님의 사랑을 받는다는 점에서 독특하고, 둘째는, 성부 하나님과 하나님이라는 본질에 있어서 동일하다는 점에서 독특합니다. 예수라는 명칭은 성자 하나님이 우리와 다름없는 참된 인간이심을 뜻하며, 그리스도라는 명칭은 하나님이심을 뜻합니다. 예수님은 인류의 대표로서 인간들이 받아야 할 형벌을 대신 받기 위해서 우리와 똑같은 성정을 가진 인간이셔야 했으며, 동시에 온 인류가 범한 죄악에 대하여 내리시는 성부 하나님의 무한하고 어마어마하게 무거운 진노와 심판을 받아내기 위해서는 그 인격에 죄가 없으신 하나님이셔야만 했습니다.

사도신경의 고백은 계속해서 성자 하나님의 예수로서의 지상생애에 관한 고백으로 이어집니다. 성자 하나님은 인간의 몸을 입고 이 세상에 오셨습니다. 성자 하나님의 탄생은 신비로 가득차 있습니다. 성자께서는 성령으로 잉태되셨으나 한 여인 마리아의 몸에서 자람으로써, 탄생시부터 신성과 인성을 갖추셨습니다. 구원자를 뜻하는 예수라는 이름을 성부 하나님으로부터 부여받은 성자 하나님은 대제사장과 본디오 빌라도에게 말할 수 없는 수욕을 당하신 후 사형판결을 받고 십자가에 못박혀 죽으셨습니다. 예수님은 사랑하는 제자들을 포함한 모든 인간들로부터 버림을 받으셨을 뿐만 아니라 십자가 위에 달리셨을 때 성부 하나님으로부터도 처절하게 버림받는 고통을 당하셨습니다. 이렇게 해서 예수님이 우리가 받아야 할 형벌과 죽음을 대신 받으심으로써 대속의 사역을 완성하시자 비로소 성전의 휘장이 찢어지고 죄인인 인간들이 담대하게 성부 하나님 앞에 나아가서 죄사함을 받고 하나님의 자녀가 되고 영원한 생명에 참여하는 길이 열렸습니다.

지상생애에서 천상생애로

이제 한 인간이신 예수로서의 성자 하나님의 지상생애가 최종적으로 마무리되고 그리스도로서의 본격적인 천상에서의 신분과 사역이 시작되는 전환점에 이르렀습니다. “장사한 지 사흘만에 죽은 자 가운데서 다시 살아나셨다”는 고백이 바로 그것입니다. 장사지냄이 예수님의 인간으로서의 생애의 마지막을 장식하는 것이었다면, 이제 예수님의 부활은 그리스도로서의 예수님의 천상의 사역의 출발점이 된다고 할 수 있습니다. 그러나 여기서 주의할 것은 그렇다고 해서 지상에서의 예수님의 생애는 단지 인간 예수만으로서의 생애였고 부활 이후의 생애는 단지 그리스도만으로서의 사역기간이라고 말해서는 안된다는 점입니다. 지상에서의 예수님의 생애 가운데도 그리스도로서의 사역이 많이 등장합니다. 예수님이 말씀을 가르치신 일은 기름부음받은 선지자의 사역이요, 겟세

마네 동산에서의 기도는 대제사장으로서의 사역이요, 나귀를 타고 예루살렘으로 입성하시는 것은 왕으로서의 예수님의 면모를 보여주는 것입니다. 또한 부활하신 후의 성자 하나님안에는 인간 예수시절에 가지고 계셨던 인성적인 차원이 없어진 것이 아니라 그리스도의 마음과 영 안에 그대로 보존되어 있습니다. 지상생애 안에도 그리스도가 있고 그리스도안에도 예수가 있습니다. 그러나 전반적인 사역과 신분의 특징에 있어서는 지상생애 동안에는 인간으로서의 예수의 모습이 강조되었고, 부활 이후에는 하나님으로서의 그리스도의 신분과 사역이 강조되었다고 말할 수 있는 것입니다.

장사지냄은 죽음의 확실함을 보증한다

사도신경은 예수님이 십자가 위에서 죽으셨다는 고백에다가 장사지냄을 받으셨다는 고백을 첨가함으로써 예수님의 죽음이 의문의 여지없는 확실한 죽음이었음을 단언합니다. 오늘날 죽은 사람의 몸은 법적으로 그리고 의학적으로 생명이 끊어진 것이 확인된 후에야 비로소 무덤에 안장할 수가 있습니다. 예수님 당시도 마찬가지였습니다. 사람의 죽은 몸을 무덤에 안장한다는 것은 법적으로 그리고 의학적으로 그 사람이 죽었으며, 더 이상 소생의 가망이 없음을 공인하는 것을 뜻합니다. 이처럼 사도신경이 이 짧은 고백문안에 예수님이 십자가 위에서 죽으셨다는 고백만으로 끝내지 않고 장사지낸 바 되었다는 고백까지 첨가한 이유는 예수님의 죽음이 의문의 여지가 없는 죽음이라는 사실을 분명히 함으로써, 예수님의 죽음에 대한 의심을 불식시키기 위한 것이었습니다.

예수님의 죽으심에 대한 의심의 예를 들어 본다면, 예수님은 실제로는 죽은 것이 아니라 다만 기절하여 혼수상태에 있다가 다시 정신을 차린 것인데, 예수의 제자들이 이것을 보고 예수님이 살아나신 것으로 주장하고 다녔다는 소문이 당시에 유포되어 있었습니다. 그러나 이런 주장은 예수님이 죽으실 당시의 여러가지 정황으로 보면 받아들이기 어렵습니다. 우선 의학적으로 보면 사람의 심장이 작동을 하고 있을 경우에는 몸에 상처를 내면 심장이 뛰는 힘 때문에 순수한 피만 흘러 나오게 되어 있습니다. 그러나 심장이 작동을 멈추어서 생명이 끊어지면 몸에 상처를 낼 경우에 물과 피가 같이 흘러나온다고 합니다. 왜냐하면 피에 압력이 없기 때문입니다. 그런데 요한복음 19장 34절은 한 군병이 예수님의 옆구리를 창으로 찔렀을 때 물과 피가 나왔다고 보도하고 있는데, 이같은 사실은 예수님의 몸이 이때 이미 의학적으로 죽었음을 말하는 것입니다. 백보를 양보해서 설사 예수님의 시신에 생명이 가냘프게라도 남아 있었다고 가정한다 하더라도, 3일간 돌무덤안에 갇혀 있는 동안 그 생명이 자연적으로 소생하리라고 기대하는 것은 사실상 불가능합니다. 창에 찔린 자국으로부터는 계속해서 물과 피가 흘러나올 것이요, 육체는 급속도로 기력이 다해가는데, 그 몸이 자연적으로 소생해서 육중한 돌문을 자기 힘으로 열고 나왔다는 것은 납득하기 어려운 일입니다. 더우기 당시 유대사회에는 죽은 자의 영혼은 3일간은 죽은 자 주위에서 맴돌다가 3일이 지나면 완전히 떠나가서 다시 돌아오지 않는다는 미신도 떠돌았습니다. 따라서 시신이 무덤속에 3일동안 있었다는 것은 거듭하여 그 사람의 죽음이 의문의 여지없는 죽음임을 말해 줍니다.

사도신경이 이처럼 예수님의 죽음을 강조한 이유는 예수님은 하나님의 공의의 요구를 남김없이 충족시켜야 했기 때문입니다. 하나님의 공의의 요구가 어떤 것입니까? 하나님의 공의의 요구는 인간이 하나님의 명령에 불순종했을 때는 반드시 죽을 것을 요구합니다. 창세기 2장 17절에서 하나님은 아담과 하와에게 하나님의 말씀을 어기고 선악과를 따먹을 경우에는 "정녕 죽으리라"고 말씀하고 계시며, 또한 3장 19절에서는 "흙으로 돌아가리라"고 말씀하고 계십니다. 또한 로마서 6장 23절은

"죄의 삯은 사망이라"고 못박고 있습니다. 이와같은 하나님의 공의의 요구를 충족시키기 위해서는 예수님의 죽음에 조금이라도 불확실한 부분이 없어야 합니다. 이 때문에 사도신경은 장사지낸 바 되었다는 고백을 첨가한 것입니다.

사망을 이기고 부활하신 예수님

그러나 예수님의 생애가 죽음에서 끝났다면, 예수님은 억울하게 죽음을 당한 한 랍비로만 기억되었을 것입니다. 그러나 예수님은 죽음을 이기고 부활하셨습니다. 예수님이 죽으셨다는 것은 예수님이 인간이셨음을 뜻합니다. 그런데 이제 예수님이 무서운 죄의 형벌인 죽음을 당하시고도 그 죽음을 이기고 다시 살아나셨다는 사실은 예수님이 죄가 없는 하나님이심을 증명합니다. 예수님 자신이 죄가 없고 의로우신 분이시며 하나님이셨기 때문에 예수님의 거룩한 의로움과 흠없는 깨끗함 앞에서 사망의 권세도 결국은 굴복하고 말았습니다. 예수님이 지니신 완전한 의로움과 흠없음이 사망과 대결하여 결국 승리한 것입니다. 이것은 기적입니다. 생물학적으로 이성적으로 도저히 사람이 다시 살아날 수 없는 상황에서 완전한 의로움과 흠없음을 갖추신 예수님은 다시 살아나신 것입니다. 예수님은 성령으로 잉태되어 동정녀에게 탄생하시는 탄생에서부터 부활에 이르기까지 기적으로 시작하여 기적으로 지상생애를 마무리하셨습니다.

부활을 의심하는 제자들, 부활에 대한 오해, 부활의 증인들로 변화된 제자들

예수님이 부활하셨다는 소식은 인간의 평범한 이성으로 납득할 수 있는 사건이 아니었기 때문에 예수님이 지상생애 기간동안 거듭거듭 부활을 예고하셨음에도 불구하고 예수님을 따라다니던 여인들이나 제자들은 부활소식을 믿지 않았습니다. 예수님의 공생애기간 동안 예수님을 따라더니던 여인들은 예수님의 죽은 몸이 무덤에 안장된 후, 향품을 가지고 무덤으로 향했습니다. 이 여인들이 향품을 가지고 무덤으로 찾아간 이유는 예수님의 죽은 몸에 향유를 발라서 가능한 한 오랜 기간 썩지 않고 보존되도록 하기 위해서였습니다. 여인들은 죽은 예수님의 몸이 썩어 부패되는 것을 안타까워할 만큼 예수님을 사랑하고 따랐으나, 예수님이 하신 가장 중요한 약속인 부활의 약속은 믿지 않았습니다. 무덤으로 향한 여인들에게는 부활에 대한 기대는 전혀 없었습니다.

여인들이 무덤에 도착했을 때는 이미 무덤을 막고 있던 돌문이 열리고 예수님은 부활하여 그 자리에 계시지 않고 그 자리에는 천사가 앉아 있다가 여인들을 맞이했습니다. 천사는 여인들이 예수님의 약속을 믿지 않는 것을 책망하면서 다시 한번 예수님의 약속을 상기시켰습니다. "어찌하여 산 자를 죽은 자 가운데서 찾느냐 여기 계시지 않고 살아나셨느니라 갈릴리에 계실 때에 너희에게 어떻게 말씀하신 것을 기억하라 이르시기를 인자가 죄인의 손에 넘기워 십자가에 못박히고 제 삼일에 다시 살아나야 하리라 한대"(누가복음 24:5-7). 천사를 만난 여인들이 예수님이 부활하셨다는 소식을 제자들에게 전하자 제자들은 여인들의 말이 허탄한 듯이 보여서 믿지 않았다고 누가복음 24장 11절이 보도합니다. 허탄한 듯이 보였다는 말은 정신병자의 횡설수설 같았다는 뜻입니다.

뿐만 아니라 예수님이 부활하셨다는 소문을 잠재우기 위해 지어낸 것으로 여겨지는 악의에 찬 소문들도 많이 나돌았습니다. 예루살렘의 종교지도자들은 예수님이 부활하셨다는 소식을 전해듣고 군인들에게 돈을 주면서 예수님의 제자들이 예수님의 시신을 도둑질해갔다는 소문을 퍼

뜨리도록 유도했다고 마태복음 28장 10-15절이 보도합니다. 그러나 예수님이 십자가에 못박히신 후의 제자들의 상황은 로마군병들의 삼엄한 감시망을 뚫고 시신을 도둑질해갈만한 처지가 못되었습니다. 제자들은 로마당국이 쫓아올 것을 두려워하여 뿔뿔이 도망가 버렸고, 실의에 잠긴 채 자기 생업으로 돌아갔습니다. 이런 겁쟁이들이 예수님의 시신을 도둑질해 나왔다는 것은 상상하기 어렵습니다. 또 어떤 사람들은 여인들이 너무 슬픔에 잠겨 있던 나머지 정신을 잘 가누지 못하고 무덤을 혼동하여 예수님이 안장된 무덤이 아닌 다른 무덤안으로 들어갔다고 주장하기도 했습니다. 그러나 마가복음 15장 47절은 이 여인들이 예수님의 시신이 안치될 때 현장에서 목격했다고 보도합니다. 그런데다가 이들이 무덤에 찾아간 때는 이미 해가 돋은 때였기 때문에 여인들이 무덤을 혼동했을 가능성은 희박합니다. 또 어떤 사람들은 유대정부나 로마정부가 예수님의 시신을 치워버렸는데, 이것이 예수님이 부활한 것으로 잘못 와전되었다고 주장하기도 합니다. 그러나 부활소문을 근절시키려면 오히려 죽은 시신을 보관하고 있다가 사람들에게 보여 주면서, "시신이 여기 이렇게 있는데 부활했다니 무슨 소리냐?"라고 말해야 설득력이 있지, 있는 시신을 치울 이유는 없는 것입니다.

특히 제자들이 부활소식을 듣고 여러차례에 걸쳐서 믿으려고 하지 않았다는 사실이 중요합니다. 제자들은 부활했다는 소식을 듣고도 믿으려고 하지 않았습니다. 여인들이 전하는 부활소식을 듣고 무덤에 가서 확인을 하고 난 제자들 가운데 두 사람이 엠마오로 내려가는 도중에 예수님을 만납니다. 이들은 자기들이 만난 분이 예수님인 줄을 모릅니다. 얼마나 믿음이 없었으면 생전의 예수님이 그 모습 그대로 나타나셨는데도 알아보지 못했습니다. 예수님이 무슨 이야기를 하고 있느냐고 묻자, 제자들은 나사렛 예수가 십자가에 못박혀 죽었다고 하면서 자기들은 그가 자기들의 구원자가 될 줄로 기대했었으며, 그가 다시 살아났다는 소식을 듣고 무덤에 가보니 그가 안보여서 도대체 어찌된 영문인지 모르겠다고 대답합니다. 이 말을 듣고 예수님이 이렇게 책망합니다. "미련하고 선지자들의 말한 모든 것을 마음에 더디 믿는 자들이여 그리스도가 이런 고난을 받고 자기의 영광에 들어가야 할 것이 아니냐"(누가복음 24:25-26). 예수님은 계속해서 모세와 선지자들의 글을 인용하시면서 예수님 자신에게 어떤 일이 일어날 것인가를 설명해 주셨습니다.

이토록 의심이 많던 제자들이 부활하신 예수님을 만나고, 오순절날 성령강림을 받고 나서부터는 완전히 태도가 달라집니다. 의심과 소심함과 우둔함과 불신앙으로 가득차 있던 제자들이 담대하고 진실하고 확신에 찬 모습으로 부활을 전하는 증인들이 된 것입니다. 이들이 전하는 모든 설교는 예수님의 부활을 전하는데 촛점이 맞추어져 있었습니다. 부활을 의심했던 베드로가 가룟 유다 대신에 다른 한 사람을 사도단에 충원시키려고 했을 때 그 조건으로 "예수의 부활하심을 증거할 사람"을 내세웠습니다(사도행전 1:22). 성령충만을 받고 난 이후에 행한 첫 설교에서 베드로는 이렇게 말합니다. "미리 보는 고로 그리스도의 부활하심을 말하되 저가 음부에 버림이 되지 않고 육신이 썩음을 당하지 아니하리라 하더니 이 예수를 하나님이 살리신지라 우리가 다 이 일에 증인이로다"(사도행전 2:31-32). 베드로의 두번째 설교도 이렇게 말합니다. "너희가 거룩하고 의로운 자를 부인하고 도리어 살인한 사람을 놓아주기를 구하여 생명의 주를 죽였도다 그러나 하나님이 죽은 자 가운데서 살리셨으니 우리가 이 일에 증인이로라"(사도행전 3:14-15). 거짓되고 조작된 부활신화가 베드로를 비롯한 제자들을 이렇게 변화시켰다고 생각하는 것은 상상하기 어려운 일입니다. 예수님의 부활은 기독교의 존폐문제가 걸린 문제입니다. 예수님이 부활하지 않고 십자가상에서 죽으심으로 모든 것이 끝났다면, 기독교에서 2000년간 전해온 모든 설교와 전하는 내용이 모두 헛것이 되어 버리고, 우리의 믿음도 헛것으로 판명

되고, 한 걸음 더 나아가서 기독교인들 전체가 모두 거짓말장이요 사기꾼들이 되고 말 것입니다. 더우기 기독교인들은 세상에서 모든 사람 가운데 가장 불쌍한 자가 되고 맙니다. 그리스도의 부활이 없고 따라서 우리에게 부활의 소망이 없다면, 우리가 무엇 때문에 이 세상에서 누려야 할 것 누리지 못하고 절제해야 하며, 고난을 받아야 하며, 주일이면 딴 곳으로 가지 않고 교회에 모여서 하루종일 시간을 보내야 합니까? 차라리 이 세상에서 누릴 수 있는 대로 다 누리고 맛볼 수 있는 대로 다 맛보고 지내는 것이 지혜로운 일이 아니겠습니까?

부활의 의미

그렇다면 예수님의 부활은 우리 신자들에게 어떤 의미가 있을까요? 고린도전서 15장 20절에서 사도 바울은 예수님의 부활이 잠자는 자들의 첫 열매라고 말합니다. 여기서 잠자는 자들이란 죽은 성도들을 뜻합니다. 이 말은 예수님의 부활은 이후 예수님을 믿는 성도들이 부활할 것을 예고해주고 확신시켜 주는 신호라는 뜻입니다. 예수님이 부활하셨으니 성도들도 부활할 것입니다. 마치 사과나무에 맺힌 첫 열매가 곧 이어 열릴 수없이 많은 열매들의 등장을 예고해 주는 것과 같습니다. 어떻게 이 일이 가능합니까? 고린도전서 15장 45절은 또 이렇게 말합니다. "기록된 바 첫 사람 아담은 산 영이 되었다 함과 같이 마지막 아담은 살려주는 영이 되었나니." 이 귀절에서 중요한 부분은 "마지막 아담이 살려주는 영이 되었다"는 귀절입니다. 이 말은 부활하신 이후의 예수님의 영은 죽었던 영혼을 살리고 죽었던 몸을 살리는 능력을 부여받았다는 뜻입니다. 로마서 8장 11절에서는 또 이렇게 말합니다. "그리스도 예수를 죽은 자 가운데서 살리신 이가 너희 안에 거하시는 그의(곧, 예수의) 영으로 말미암아 너희 죽을 몸도 살리시리라." 여기서 부활하신 예수의 영이 성부 하나님이 성도들의 몸을 살리는 통로가 된다고 말합니다. 그렇습니다. 성도들은 부활하신 예수님을 영접함으로써 영혼과 몸을 살려내는 예수님의 영의 능력을 힘입게 됩니다. 이 능력에 힘입어 우리의 영혼이 거듭났을 뿐만 아니라 이제 마지막 날 우리의 몸도 다시 살아날 것입니다. 그날에 우리의 몸은 부활하신 예수님의 몸과 같은 몸이 될 것입니다. 부활하신 예수님의 몸은 부활 이전의 몸과는 차원이 다른 몸으로 변화되었습니다. 이 몸은 물질적으로 만져질 수도 있고 음식을 먹을 수도 있고 눈에 보이기도 하는 육체였으나, 갑자기 사라질 수도 있고 갑자기 나타날 수도 있고, 벽이 가로막혀 있어도 아랑곳하지 않고 자유롭게 출입할 수 있는 신비스러운 육체입니다. 부활하신 예수님은 제자들이 식사하는 방에서 눈깜짝할 사이에 사라지기도 하셨고 어느 틈엔가 들어오기도 하셨습니다. 그러면서도 이들과 함께 식사도 하셨습니다. 우리의 육체가 부활할 때에도 바로 이런 몸을 입게 될 것입니다.

이제 우리들은 우리가 받아야 할 죄악의 형벌인 사망의 형벌을 다 받으시고 마침내는 이 사망의 권세를 이기고 다시 사신 우리 주님께 감사하고 찬양을 드려야 하겠습니다. 우리는 이 놀라운 부활사건을 우리의 좁고 부패한 이성 안에 담으려고 하기보다는 전폭적인 믿음으로 받아들이고 확신해야 하겠습니다. 그리고 우리 안에 우리의 영혼과 몸을 살려주는 예수님의 영이 거하심을 믿고 그 영의 능력을 힘입기 위해 기도해야 하겠습니다. 그리고 그 영의 능력이 마침내는 우리를 마지막 날에 다시 살아나게 한다는 소망을 가지고 생활할 뿐만 아니라 부활하신 주님이 항상 우리와 함께 계시며, 우리의 모든 생각과 행위를 주의깊게 살피신다는 사실도 유념해야 하겠습니다.

7

성자 하나님 4:

예수님의 승천

사도행전1:9-11

사도신경은 예수님의 부활을 고백한 다음 계속해서 부활하신 예수님이 하늘로 오르신 사건이 역사적으로 실제로 일어난 사건임을 고백하고 있습니다. 예수님이 하늘로 오르심으로써 예수님의 지상생애와 사역이 끝나고 천상의 생애와 사역이 시작되었습니다. 이로써 새로운 시대가 시작된 것입니다.

예수님의 승천은 이미 구약성경에 예고되어 있을 뿐만 아니라 예수님 자신도 예고하신 바 있습니다. 시편 68편 18절에 "주께서 높은 곳으로 오르신다"는 표현이 예수님의 승천을 암시합니다. 또한 부활하신 예수님도 요한복음 20장 17절에서 제자들에게 "내가 아버지께로 올라간다"고 말씀하심으로써 승천을 예고하셨습니다. 예수님의 승천사건을 직접 보도하는 본문들 가운데 가장 중요한 본문은 사도행전 1장 9-11절입니다. "이 말씀을 마치시고 저희 보는 데서 올리워 가시니 구름이 저를 가리워 보이지 않게 하더라 올라가실 때에 제자들이 자세히 하늘을 쳐다 보고 있는데 흰 옷 입은 두 사람이 저희 곁에 서서 가로되 갈릴리 사람들아 어찌하여 서서 하늘을 쳐다 보느냐 너희 가운데서 하늘로 올리우신 이 예수는 하늘로 가심을 본 그대로 오시리라." 이 본문은 예수님의 승천이 제자들이 "보는 데서" 이루어졌음을 분명히 함으로써 예수님의 승천이 신화나 조작된 이야기가 아니라 역사적으로 실제로 일어난 사건임을 강조하고 있습니다. 예수님은 제자들이 보는 앞에서 일정한 높이만큼 하늘로 올라가셨습니다. 사도행전은 제자들이 본 그대로를 담담하게 군더더기없이 묘사하고 있습니다.

구름이 나타나 예수님의 모습을 가리운 이유

그런데 예수님이 일정한 높이만큼 하늘로 올라가셨을 때 구름이 나타나서 예수님의 모습을 가리웠습니다. 이 구름은 평범하게 하늘을 떠 다니던 구름이 아니라 하나님이 기적적으로 보내신 특별한 구름입니다. 구름이 나타난 이후는 더 이상 예수님의 모습을 볼 수가 없게 되었습니다. 예수님이 더 높은 하늘로 올라가셨는지, 아니면 그 자리에서 갑자기 사라져 버리셨는지 더 이상 알 수가 없었습니다. 그러면 여기서 하나님께서 보내신 구름이 어떤 의미가 있는 것이며, 왜 하나님이 인간들로 하여금 예수님의 모습을 더 이상 볼 수 없게 하셨는가를 생각해 보겠습니다.

첫째로, 구름은 하나님의 임재를 상징합니다. 구름이 하나님의 임재를 상징한다는 사실은 구약성경에 잘 나타나 있습니다. 모세의 영도하에 애굽을 떠나온 이스라엘 백성들이 광야를 여행하는 동안 낮에는 구름기둥, 밤에는 불기둥이 이들을 떠나지 않았음을 보게 됩니다. "여호와께서 그들 앞에 행하사 낮에는 구름기둥으로 그들의 길을 인도하시고 밤에는 불기둥으로 그들에게 비취사 주야로 진행하게 하시니 낮에는 구름 기둥, 밤에는 불 기둥이 백성 앞에서 떠나지 아니하니라"(출애굽기 13:21-22). 불기둥과 구름기둥이 이스라엘 백성들에게 함께 했다는 것은 하나님이 이들과 함께 하고 계신다는 것을 뜻합니다. 그러므로 지금 예수님이 승천하실 때 구름이 나타났다는 사실은 그 순간이 하나님께서 임재하신 거룩한 순간임을 보여주는 것입니다.

둘째로, 구름은 하나님의 영광을 상징합니다. 이스라엘 백성들이 하나님의 지시에 따라서 성막을 세우기를 끝마쳤을 때 하나님께서 구름을 보내셔서 성막을 덮은 것을 구약성경에서 읽을 수 있습니다. "그 후에(성막짓는 일을 끝낸 후에) 구름이 회막에 덮이고 여호와의 영광이 성막에 충만하매 모세가 회막에 들어갈 수 없었으니 이는 구름이 회막 위에 덮이고 여호와의 영광이 성막에 충만함이었으며"(출애굽기 40:34-35). 이 본문에 의하면 구름은 여호와의 영광을 뜻하는 것으로 나타나 있습니다. 후일에 솔로몬이 성전을 짓고 나서 성전을 하나님께 봉헌할 때도 역시 구름은 여호와의 영광을 뜻하는 상징으로 나타납니다. "제사장이 성소에서 나올 때에 구름이 여호와의 전에 가득하매 제사장이 그 구름으로 인하여 능히 서서 섬기지 못하였으니 이는 여호와의 영광이 여호와의 전에 가득함이었더라"(열왕기상 8:10-11).

이처럼 예수님이 승천하시는 과정에서 여호와께서 영광으로 임재하셨습니다. 예수님의 승천사건은 보통사건이 아니고 여호와의 권능과 영광이 충만하게 나타나는 신비롭고 장엄한 사건입니다. 그런데 이 사건을 구름이 가리웠다는 것은 무엇을 의미합니까? 그것은 더 이상 예수님의 승천사건에 대해서 알려고 하지 말라는 경고의 의미가 담겨 있는 것입니다. 이 뜻을 알아차리지 못하고 제자들이 계속해서 넋놓고 하늘로 올리우신 예수님을 쳐다보고 있자 천사들이 나타나서 "갈릴리 사람들아 어찌하여 서서 하늘을 쳐다 보느냐"고 책망하기에 이르렀습니다. 그렇습니다. 예수님의 승천장면은 일정한 거리만큼 공간이동을 했다는 것 이상은 인간이 아는 것이 허용되지 않은 사건입니다. 아마도 그 이상은 인간이 볼 수도 없고 또 보지 않는 것이 인간에게 유익하고 필요하기 때문에 하나님이 이런 조치를 취하신 것으로 생각됩니다.

너무 크고 장엄하고 너무 아름다운 것은 인간의 접근을 불허하기 마련입니다. 미국동부에 가면 나이아가라 폭포가 있습니다. 이곳을 방문하면 배를 타고 나이아가라폭포 물줄기가 떨어지는 지점 앞을 약 100미터 정도까지 접근해서 바라볼 수 있습니다. 이 지점에서 바라보는 나이아가라폭포는 말로 형언할 수 없을 만큼 장엄하고 아름답고 신비로웠습니다. 그런데 이 지점에서 폭포를 바라보면서 느낄 수 있었던 것은 더 이상 들어가서는 안되겠구나 하는 것이었습니다. 이미 이 지점에서도 폭포줄기에서 뿜어나오는 물보라 때문에 눈을 뜨고 정면으로 폭포를 바라볼 수가 없었습니다. 더 이상 들어갔다가는 죽어 버리겠구나하는 생각을 직감적으로 하게 되었습니다. 멀리서 적당히 바라보아야 아름답지, 가까이서 들여다 보면 죽음밖에는 없습니다.

태양빛이 우리에게 얼마나 포근하고 고마운 빛입니까? 태양빛은 지구상에 존재하는 모든 생명의 원천입니다. 그러나 이 고마운 태양빛을 우리가 용감하게 약 5분만 눈을 똑바로 뜨고 바라보고 있으면 어떻게 되겠습니까? 눈이 장님이 되는 것은 말할 것도 없고 생명을 잃을 수도 있습니다. 태양빛은 직시하지 않고 눈을 내리깔아야 고마운 빛이지 직시하면 죽음의 빛입니다.

마찬가지로 우리는 하나님을 똑바로 바라볼 수 없습니다. 죄로 더러워진 인간이 하나님을 똑바로 바라보면 그 자리에서 죽임을 당하고 말 것입니다. 따라서 이사야는 이스라엘 백성들 가운데 가장 의로운 삶을 살았고 하나님의 신뢰를 한 몸에 받은 선지자였음에도 불구하고 하나님의 보좌 앞에 들어서는 순간 직감적으로 이렇게 절규합니다. "화로다 나여 망하게 되었도다 나는 입술이 부정한 사람이요 입술이 부정한 백성 중에 거하면서 만군의 여호와이신 왕을 뵈었음이로다." 또한 하나님의 보좌 주위에서 하나님을 옹위하고 있는 천사들도 하나님을 감히 직시하지 못하고 날개로 그 얼굴을 가리우고 보좌 주위를 날면서 하나님을 찬양했습니다. 예수님의 승천사건도 마찬가지입니다. 예수님이 이 세계를 떠나서 일정한 거리만큼 공간이동을 하셨다는 사실 이상은 너무나 신비로운 세계이기 때문에 인간이 감히 접근할 수도 없고 접근하지 않는 것이 인간들에게 유익합니다.

승천의 의미

이처럼 신비로움으로 가득차 있는 예수님의 승천은 역사적으로 그리고 신자들의 신앙생활과 관련하여 몇가지 중요한 의미들을 지니고 있습니다. 그 의미들을 차례로 살펴 보도록 하겠습니다.

첫째로, 예수님의 승천은 이제 "그리스도"로서의 예수님의 사역이 본격적으로 시작된다는 것을 의미합니다. 앞에서 저는 "그리스도"의 의미를 세 가지로 요약해서 말씀드린 바 있습니다. 왕, 대제사장, 그리고 선지자가 바로 그 세 가지입니다. 이 세 가지를 그리스도의 세 직분이라고 말합니다. 승천하신 예수님은 더 이상 고난받으시는 종이 아니라 이제는 왕이요, 대제사장이요, 선지자로서의 천상사역을 시작하시는 것입니다. 예수님이 하늘로 오르신 후 이 세상을 다스리시는 왕권을 행사하실 것이며, 대제사장으로서 성도들을 위하여 간구하실 것이며, 또한 성령을 보내셔서 성도들에게 말씀하실 것입니다. 이 모든 "그리스도"로서의 사역들이 바로 예수님의 승천과 더불어 시작되므로, 예수님의 승천은 예수님이 이 세 가지 직분에 취임하시는 취임식이나 다름없습니다.

둘째로, 예수님의 승천은 이제 예수님이 육체의 형태로 이 세상에 계시던 시대가 끝나고 영의 형태로 세상에 임하시는 시대가 시작된다는 것을 뜻합니다. 예수님이 승천하신 이후에는 아무도 예수님을 육안으로 볼 수가 없습니다. 물론 예수님이 재림하실 때까지 그렇습니다. 그러면 승천때부터 재림때까지 예수님은 어떤 모습으로 임재하실까요? 로마서 1장 4절이 이 질문에 대하여 답을 줍니다. "성결의 영으로는 죽은 가운데서 부활하여 능력으로 하나님의 아들로 인정되셨으니 곧 우리 주 예수 그리스도시니라." 이 말씀이 보여주고 있는 것처럼 부활하여 승천하신 이후의 예수님은 성결의 영의 형태로 임재하십니다.

그러면 예수님이 육체의 형태로 계시는 것이 좋은가? 아니면 눈에 보이지 않는 영의 형태로 계시는 것이 좋은가? 언뜻 생각해 보면 예수님이 육체의 형태로 계시는 것이 더 좋은 것처럼 생각되기도 합니다. 그러나 다시 잘 생각해 보면 그 정반대인 것을 알 수 있습니다. 예수님이 육체의 형태로 계속 계셨다면, 예수님은 팔레스타인 지역의 한 작은 모퉁이에서 소수의 사람들과만 함께 계실 수 있었을 것입니다. 그렇게 되면 예수님이 계실 수 있는 지역은 극히 제한되고 예수님을 만날 수 있는 사람들도 극히 제한됩니다. 그러나 영은 시간과 공간을 초월한 존재형태이기 때문에, 예수님이 영의 형태로 거하시면 시간과 공간 그리고 숫자에 얽매이지 않고 자유롭게 임재하실 수가 있습니다. 그러므로 예수님이 승천하신 사건은 인간세계로부터 완전히 떠나시기 위함이 아니라 오히려 인간세계안의 구석구석에 이르기까지 보편적으로 임재하시기 위한 것이었다고 말할 수가 있습니다. 예수님이 영의 형태로 거하시기 때문에 우리가 어느 시대에 살든, 어느 장소에 살든, 상관없이 우리가 우리의 죄를 고백하고 예수님을 나의 구주로 영접하기만 하면 예수님은 우리의 마음속에 들어오셔서 우리 안에 거하실 수가 있습니다. 이처럼 예수님이 승천하신 사건은 예수님이 이 세상과 결별하는 사건이 아니라 "볼지어다 내가 세상 끝날까지 너희와 항상 함께 있으리라"고 말씀하신 약속을 이루시기 위한 첫 발걸음을 떼어놓는 사건이라고 할 수 있습니다.

셋째로, 예수님의 승천은 또한 이제 성자 하나님이 전면에 나서서 활동하시는 시대가 종결되고 성령 하나님이 전면에 나서서 활동을 개시하는 시대가 시작되었음을 선포하는 것입니다. 곧, 예수님께서 십자가 위에서 이룩하신 구속사역을 사람들에게 적용하는 시대가 시작되었음을 알리는 의미가 있다는 것입니다. 따라서 예수님의 승천과 관련하여 주신 명령에는 성령이 강조되고 있습니다. 일찌기 예수님은 예수님 자신이 이 세상을 떠나고 난 뒤에 성령을 보내실 것이며, 이 성령이 사역을 주도하실 것을 예고하신 바 있습니다. "보혜사 곧 아버지께서 내 이름으로 보내실 성령 그가 너희에게 모든 것을 가르치시고 내가 너희에게 말한 모든 것을 생각나게 하시리라"(요한복음 14:26). 보혜사라는 말은 돕는 자라는 뜻인데, 예수님의 제자들이 예수님과 함께 있을 때에는 예수님의 말씀을 도통 깨닫지 못하다가 성령이 그들의 마음속에 오셔서 역사하시면 예수님으로부터 들었던 말씀들이 다 생각나고 그 의미를 깨닫게 될 것을 말씀하고 계십니다. 또 승천하시기 직전에 주신 말씀인 사도행전 1장 8절에 보면, "오직 성령이 너희에게 임하시면 너희가 권능을 받고 예루살렘과 온 유대와 땅 끝까지 이르러 내 증인이 되리라"고 말씀하심으로써, 성령이 주도적인 역할을 하는 시대가 곧 시작될 것을 예고하셨습니다. 예수님이 승천하신 이후부터는 성령 하나님이 사역을 주도하시고 성결의 영이신 예수님이 그 사역을 돕는 형태로 일하시는 시대가 시작될 것을 예고하신 것입니다.

성결의 영의 형태로 임재하시는 예수님의 사역은 두 가지로 요약될 수 있습니다.

1. 이 사역은 인간의 영혼을 살리는 능력의 사역입니다. 성결의 영으로 거하시는 예수님은 더 이상 힘없이 고난받고 죽으시는 종이 아니라 능력의 영이십니다. 앞에서 인용한 로마서 1장 4절에서도 성결의 영으로는 능력으로 하나님의 아들로 인정되셨다고 말함으로써 성결의 영이 능력의 영이라는 점을 분명히 보여줍니다. 또한 고린도전서 15장 45절은 능력의 성결의 영이신 예수 그리스도께서 곧 죽은 영혼을 살려내는 일을 하신다고 말합니다. "기록된 바 첫 사람 아담은 산 영이 되었다 함과 같이 마지막 아담은 살려 주는 영이 되었나니."

2. 예수 그리스도께서 성결의 영이라는 사실은 예수 그리스도의 영은

성결한 삶을 통해서 비로소 만날 수 있을 뿐만 아니라 예수 그리스도께서 성도들을 성결케 하는 사역 곧, 성화의 사역을 시작하실 것임을 예고하는 것입니다. 능력으로 영혼을 살리신 예수 그리스도께서는 계속해서 성도들의 한평생 동안 계속될 성화의 사역을 시작할 채비를 갖추시는 것입니다.

넷째로, 예수님의 승천은 하나님이 교회를 대리자로 삼고 일하시는 교회의 시대가 시작되었음을 알리는 사건입니다. 예수님도 영의 형태로 거하시고, 성령도 영의 형태로 거하시니까, 사실상 예수님도 성령도 분명히 존재하지만 사람들의 눈에는 보이지 않습니다. 그러면 이처럼 눈에 보이지 않는 예수님과 성령을 만날 수 있는 곳은 어디인가? 그것이 바로 교회입니다. 승천하신 이후 예수님은 교회를 대리자로 삼고 일하십니다. 성령의 권능도 바로 교회를 통하여 나타납니다. 세상사람들이 예수님을 만나고 성령의 권능을 만나려면 교회를 찾아야 합니다. 이처럼 예수님의 승천과 더불어 성령의 시대가 선포되었는데, 이는 교회의 시대가 선포되었음을 의미합니다. 예수님께서 교회를 통하여 일하시고 또한 성령의 능력과 권능과 지혜가 교회를 통하여 나타난다는 것은 교회에게 주어진 말할 수 없이 영광스러운 특권입니다. 그러나 이것은 동시에 교회에게 주어진 막중한 책임이기도 합니다. 우리는 예수님이 "성결의 영"이라는 사실을 유념해야 하겠습니다. 예수님이 성결의 영이라는 말은 예수님의 아름다움과 능력은 교회와 성도들에게 성결한 삶이 있을 때 온전히 나타난다는 것을 암시합니다. 교회와 성도들이 성결한 모습을 갖추지 못했을 때, 예수님은 그 온전한 모습을 충분히 드러내지 않으며, 따라서 세상이 교회와 성도들을 보고 예수님을 만날 수 없게 됩니다. 그러므로 교회시대에 사는 성도들은 성결하고 바른 삶의 모습을 갖춤으로써 세상이 우리를 보고 예수님의 능력과 아름다움을 만날 수 있도록 해야 할 것입니다.

8
성자 하나님 5:

하나님의 우편에 앉으신 예수님

로마서 8:31-39

예수님의 승천(昇天)은 성자 하나님이 전면에 나서서 구속사역을 주도하던 시대가 끝나고 성령과 교회의 시대가 시작되는 것을 알리는 역사적인 전환점이 된다는 말씀을 앞에서 드린 바 있습니다. 이처럼 예수님 승천 이후의 시대는 성령의 시대이니까 바로 성령에 관한 고백이 나오는 것이 자연스러운 순서가 될 것입니다. 그러나 사도신경은 바로 성령에 대한 고백으로 넘어가지 않고 승천하신 이후의 예수님의 천상에서의 사역에 관한 두 가지 고백을 첨가한 뒤에 성령에 대한 고백으로 넘어갑니다. 첫째로, 사도신경은 승천하신 예수님이 "전능하신 하나님의 우편에 앉아 계신다"고 고백하고 있으며, 두번째로는, "저리로서 산 자와 죽은 자를 심판하러 오시리라"고 고백합니다. 오늘은 예수님이 하나님 우편에 앉아 계신다는 고백의 의미를 공부하고 다음 시간에는 심판하기 위하여 다시 오시는 예수님에 관하여 공부하겠습니다.

성경적 근거: 우편에 앉으심은 예수님이 이후로는 왕으로서 다스리신다는 것을 뜻한다

예수님이 승천하신 뒤에 하나님의 우편에 앉으신다는 것은 신구약성경 여러 곳에서 증거하고 있습니다. 우선 구약성경 시편 110편 1절을 보면 이런 말씀이 있습니다. "여호와께서 내 주에게 말씀하시기를 내가 네 원수로 네 발등상 되게 하기까지 너는 내 우편에 앉으라 하셨도다." 이 본문에서 "여호와"는 성부 하나님을 말하고 "내 주"는 성자 하나님이신 예수님을 말합니다. 성부 하나님이 성자 하나님이신 예수님에게 "내가 네 원수로 네 발등상 되게 하기까지 너는 내 우편에 앉으라"고 하셨습니다. 여기서 성부 하나님이 예수님의 원수인 사탄을 발등상이 되게 하는 날, 곧, 짓밟아 멸망시키는 날은 세상의 마지막 날을 가리킵니다. 그때가 될 때까지 성부 하나님은 예수님을 성부 하나님의 우편에 앉게 하시겠다고 말합니다. 같은 시편 110편 2절은 계속해서 이렇게 노래합니다. "여호와께서 시온에서부터 주의 권능의 홀을 내어 보내시리니 주는 원수 중에서 다스리소서." 이 본문은 1절을 보완설명하는 귀절입니다. 1절에서 우편에 앉게 한다는 말이 2절에서는 "권능의 홀"을 쥐워주고 "다스리게 하는" 것으로 설명되고 있습니다. 홀은 왕권을 상징하는 물건입니다. 따라서 1, 2절을 연결시켜서 읽어 보면 예수님이 하나님의 우편에 앉는다는 것은 곧 예수님이 왕으로 등극하여 왕권을 행사하는 자리에 오르신다는 것을 의미합니다.

예수님 자신도 마태복음 26장 64절에서 하나님의 우편에 앉으실 것을 예고하셨습니다. "예수께서 가라사대 네가 말하였느니라 그러나 내가 너희에게 이르노니 이 후에 인자가 권능의 우편에 앉은 것과 하늘 구름을 타고 오는 것을 너희가 보리라." 스데반은 순교하기 전에 예수님이 하나님의 우편에 계신 광경을 목격했다고 사도행전 7장 56절이 보도합니다. "스데반이 성령이 충만하여 하늘을 우러러 주목하여 하나님의 영광과 및 예수께서 하나님 우편에 서신 것을 보고." 특히 에베소서 1장 20-22절은 예수님이 하나님의 우편에 앉으셨다고 말하면서 이것은 곧 예수님이 이 세상의 왕이 되시고 또한 교회의 머리가 되셔서 세상과 교회를 통치하고 다스리는 것을 뜻한다고 분명히 말합니다. "그 능력이 그리스도 안에서 역사하사 죽은 자들 가운데서 다시 살리시고 하늘에서 자기의 오른편에 앉히사 모든 정사와 권세와 능력과 주관하는 자와 이 세상뿐 아니라 오는 세상에 일컫는 모든 이름 위에 뛰어나게 하시고 또 만물을 그 발 아래 복종하게 하시고 그를 만물 위에 교회의 머리로 주셨느니라." 이처럼 예수님이 하나님의 우편에 앉으셨다는 표현은 문자적으로 예수님이 성부 하나님의 오른편에 앉아 계신다는 것을 뜻한다기보다는 일종의 의인법(擬人法)적인 표현으로서, 예수님이 교회와 우주의 왕으로서 통치권을 부여받았다는 것을 뜻합니다. 원래 우편이라는 말은 왕의 권능을 뜻합니다.

예수님은 교회를 통하여 세상을 통치하신다

우리는 시편 110편 2절 말씀과 에베소서 1장 20-22절 말씀을 통하여 예수님이 하나님의 우편에 앉아 계신다는 말은 예수님이 하나님의 권능을 가지고 왕으로 통치하심을 뜻한다는 것을 알았습니다. 그런데 에베소서 1장 22절은 예수님의 왕권행사에 관하여 중요한 정보를 우리에게 제공해 주고 있습니다. 이 본문에 보면 "만물이 예수님의 발 아래 복종한다"고 말함으로서 예수님이 우주의 왕이라는 점을 분명히 한 다음에 "예수님을 만물위에 교회의 머리로 주셨다"는 귀절을 덧붙이고 있습니다. 곧, 만물 위에 무엇이 있느냐? 바로 교회가 있다는 것입니다. 이 말은 무엇을 뜻합니까? 예수님은 세상을 통치하시는데, 교회를 통하여 세상을 통치하신다는 것을 말합니다.

예수님은 시공간을 초월한 우주적인 연합체로서의 교회를 통하여 세상을 다스리신다

그러나 여기서 우리가 주의할 것은 에베소서에서 예수님이 교회를 통하여 세상을 통치하시고 다스리신다고 말할 때 교회는 이 세상안에 있는 어떤 한 지역교회를 뜻하는 것이 아니라는 점입니다. 에베소서가 말하는 교회는 어느 한 교단을 뜻하는 것도 아니요, 이 세상 안에 있는 교회집단 가운데 가장 크다고 할 수 있는 로마 카톨릭교회를 뜻하는 것도 아닙니다. 에베소서에서 말하는 교회는 지상에 있는 어떤 한 지역교회나 교단을 뜻하는 것이 아니라 과거와 현재와 미래의 모든 신자들로 구성된 우주적인 연합체를 말합니다. 과거에 죽어서 이 세상을 떠난 성도들, 현재 예수님을 믿는 성도들, 장차 태어날 성도들이 모두 이 연합체 안에 소속되어 있습니다. 에베소서가 말하는 교회는 이처럼 우리 눈에는 보이지 않으나 어마어마하게 크고 시간과 공간에 매이지 않는 우주적인 연합체를 뜻합니다. 곧, 에베소서에서 말하는 교회는 하나님의 나라를 뜻합니다.

여기서 우리가 유념할 것은 우리 눈에 보이는 지역교회가 과거와 현재와 미래에 걸쳐서 예수님을 진정한 마음으로 구주로 영접한 성도들이 회원이 되어 있는 눈에 보이지 않는 우주적인 하나님의 나라로서의 교회와 반드시 일치하는 것은 아니라는 점입니다. 물론 이 하나님의 나라로서의 교회는 지역교회를 상당부분 포함하고 있습니다. 그러나 어떤 지역교회 또는 지역교회의 어떤 부분은 이 하나님의 나라의 범위 밖에 있을 가능성도 있습니다. 교회라는 간판은 붙이고 있는데, 참된 신앙고백이 없고, 말씀과 성례가 바르게 집행되지 않고, 권징이 성실하게 행해지지 않는 교회는 이 우주적인 연합체로서의 하나님의 나라를 뜻하는 교회에 소속되어 있지 못할 수도 있습니다. 또한 하나님의 나라는 참된 신앙을 고백하는 성도들이 있는 곳이면 어느 곳이든지 그곳에 임재해 있습니다. 그곳은 가정일 수도 있습니다. 성도들이 소속된 직장일 수도 있습니다. 그것은 정치계일 수도 있고, 경제계일 수도 있고, 예술의 세계일 수도 있습니다. 이런 의미에서 하나님의 나라로서의 교회는 이 세상에 보편적으로 임재해 있습니다. 예수님은 세상의 왕으로서 세상을 통치하시되 바로 이 하나님의 나라로서의 교회를 통하여 세상을 통치하십니다.

이 세상은 예수님의 왕권과 사탄의 왕권이 동시에 나타나는 곳이다

예수님이 하나님의 나라를 뜻하는 우주적인 보편교회를 통하여 세상을 다스리신다는 말은 예수님은 하나님 나라의 법에 따라서 세상을 다스리신다는 것을 뜻합니다. 이것은 바꾸어 말해서 하나님 나라의 법에 따라서 일어나지 않는 일들은 예수님이 행사하시는 왕권의 증거가 될 수가 없다는 것을 뜻합니다. 그런 일들은 사탄의 지배를 받는 세상나라의 왕권이 행사된다는 것을 증거할 뿐입니다. 왜냐하면 이 세상에는 하나님의 나라를 통하여 나타나는 예수님의 왕권도 있지만 또한 하나님의 나라에 대적하는 사탄이 주도권을 쥔 세상나라의 다스림도 있기 때문입니다. 물론 여기서 말하는 세상나라는 이 세상 안에 있는 어떤 한두 나라를 말하는 것이 아니라 에베소서에서 말하는 "공중의 권세잡은 자"의 나라 곧, 사탄의 나라를 말합니다. 하나님의 나라가 이 세상 어느 곳이나 성도들이 있는 곳이면 임재해 있는 것처럼 사탄의 나라도 이 세상 어느 곳이나 사탄의 법을 따르는 자들이 있는 곳이면 어디에나 존재합니다. 그런데 하나님 나라의 법을 통하여 행사되는 예수님의 다스리심과 왕권은 사탄의 법을 통하여 행사되는 사탄의 다스림과 분명히 구별됩니다. 이 두 세력은 서로 적당히 섞일 수가 없습니다. 기독교의 중요한 역사관 또는 세계관 가운데 하나는 어거스틴이 말한 바와 같이 인류역사를 하나님의 도성과 사탄의 도성간에 벌어지는 투쟁의 역사로 보는 것입니다. 이 세상에는 분명히 사탄의 권능이 행사되고 있습니다. 기독교는 이 점을 분명히 말합니다. 실제로 이 세상이 돌아가는 형편을 주의깊게 살펴보면 사탄의 존재를 말하지 않고는 도저히 해명할 수 없는 일들이 일어나고 있음을 볼 수 있습니다. 따라서 우리 성도들은 이 세상 구석구석에 마수를 뻗치고 있는 사탄의 통치를 분별해내는 지혜를 갖추어야 합니다.

현세 안에서는 감추어져 있는 예수님의 왕권행사

이 세상 안에서 행사되는 예수님의 왕권이 보여주는 또 하나의 중요한 특징은 예수님의 왕권과 통치는 세상나라의 원리를 따라서 사는 사람들의 눈에는 감추어져 있다는 사실입니다. 세상나라의 원리를 따라서 사는 사람들의 눈에는 예수님의 통치 또는 이 세상 안에 임한 하나님의 나라는 무기력하기 짝이 없고 아무런 힘도 없는 것처럼 보입니다. 이 세상에서 (재림때까지) 하나님의 나라 또는 예수님의 통치가 세상나라의 원리에 따라서 사는 사람들의 눈에 감추어져 있다는 이 진리는 예수님의 비유에 잘 나타나 있습니다. 마가복음 4장 21절에 있는 등불의 비유가 대표적인 예입니다. "또 저희에게 이르시되 사람이 등불을 가져 오는 것은 말 아래나 평상 아래나 두려 함이냐 등경 위에 두려 함이 아니냐." 어떤 사람이 불을 켜기 위하여 등잔을 방안으로 가지고 왔습니다. 그런데 등잔을 들고 들어와서는 불을 켜지 않을 때 침대 밑에다가 보관해 둡니다. 그러니 침대 밑에 등잔이 있다는 사실을 아는 사람을 제외하고는 방에 들어온 사람들의 눈에는 등잔이 보이지를 않습니다. 또 등불을 켰다가 끄려고 할 때는 등잔불을 바닥에 내려놓고는 곡식을 담는 나무통을 그 위에 씌워 놓습니다. 그러면 자연적으로 통속에 있던 산소가 다 타 없어지고 등잔불은 꺼지게 됩니다. 말을 씌워 놓으면 영문을 모르는 사람은 방에 들어와서 아무리 둘러봐도 등잔불이 보이지 않습니다. 그래서 등잔불이 없다고 단언해 버립니다.

이처럼 세상나라의 원리를 따르는 사람들의 눈으로 보면 하나님 나라의 법을 통하여 행사되는 예수님의 왕권은 없는 것처럼 보입니다. 아무런 힘도 없는 것처럼 보입니다. 왜 그렇습니까? 이들의 눈으로 보기에 도대체 하나님 나라의 법대로 살아 가지고는 이 세상에서 살아남기가 불가능한 것처럼 판단되기 때문입니다. 무엇이 하나님 나라의 법입니까? 하나님 나라의 법은 매우 광범위하고 풍부한 내용을 가지고 있습니다. 그 가운데 산상수훈은 그 대표적인 한 예입니다. 산상수훈을 읽고서 사람들은 이렇게 생각할 것입니다. "오른편 빰을 치는 자에게 왼편까지도 갖다대고 속옷을 가지려고 하는 자에게 겉옷까지도 알아서 벗어주는 태도로 살아가지고 어떻게 이 험악한 세상에서 적응해나간단 말인가? 오늘날과 같은 경쟁사회에서 상대방을 우선 눌러놓고 보아도 살아남을까 말까 하는 판에 원수를 사랑하고 핍박하는 자를 위해서 기도하는 태도로 어떻게 이 사회에 적응할 수 있단 말인가?" 이처럼 세상사람들의 눈으로 볼 때, 하나님 나라의 법에 따라서 살아가지고는 도대체 이 살벌한 경쟁판에서 살아남을 수 없는 것처럼 보이기 때문에, 이 하나님 나라의 법에 따라서 통치하시는 예수님의 다스리심은 없는 것이나 다름없고, 아무리 찾아도 예수님의 왕권은 보이지 않는 것입니다.

예수님의 왕권은 고난과 역경중에서도 믿음안에서 하나님의 뜻대로 살고자 하는 성도들에게 나타난다

그러면 정말로 예수님의 왕권은 이 세상나라의 원리의 지배를 받는 사람들이 생각하는 것처럼 미약하기 이를데 없고 없는 것이나 마찬가지일까요? 도대체 예수님의 다스리심의 능력은 어느 때에 나타나는 것일까요? 예수님의 왕권의 능력은 이처럼 세상사람들의 눈에는 숨겨져 있지만, 믿음으로 예수님을 구주로 영접하고 예수님의 말씀과 하나님 나라의 법에 따라서 살아가려고 하는 자들에게는 이들만이 체험할 수 있는 신비로운 모양으로 나타납니다.

그 예를 우리는 순교자 스데반에게서 볼 수 있습니다. 스데반은 유대인들에게 복음을 전하다가 아무런 죄도 없이 유대인들의 미움을 받아서 돌에 맞아 죽게 되었습니다. 이때 하늘문이 열리면서 오직 스데반에게만 예수님이 하나님의 우편에 서신 광경이 나타났습니다. 똑같이 그 자리에 서 있었지만 하나님의 우편에 앉으신 예수님의 왕권을 본 사람은 스데반 한 사람뿐입니다. 다른 사람들에게는 보이지 않는 예수님의 왕권이 스데반에게는 나타난 것입니다. 예수님의 왕권을 뚜렷하게 보고 그 왕권의 권능을 힘입고 위로를 받은 스데반은 돌에 맞아 죽어가는 가운데서도 하나님께 기도하면서 자기의 영혼을 주께 의탁하는 것을 잊지 않았고, 자신을 돌로 치는 자들을 위하여 기도함으로써 원수를 사랑하고 핍박하는 자를 위하여 기도하라는 하나님 나라의 법을 끝까지 지켜낼 수 있었던 것입니다. 죽음을 당하면서도 끝까지 신앙을 붙들고 하나님 나라의 법을 저버리지 않고 실천에 옮길 수 있도록 붙들어 주는 능력 - 이것이 바로 예수님의 왕권과 능력과 다스리심입니다.

사도 바울도 고달픈 선교여정을 해나가는 가운데 이와같은 예수님의 권능을 여러차례 경험하고 난 후, 로마서에서 확신에 찬 어조로 이렇게 말합니다. "그는 하나님의 우편에 계신 자요 우리를 위하여 간구하시는 자시니라." 예수님의 왕권은 오직 영혼구원의 일념에 사로잡혀 험하고 고달픈 선교여정을 행하는 바울로 하여금 온갖 고난과 핍박을 능히 견뎌내고 주신 사명을 끝까지 완수할 수 있도록 붙들어 주시는 능력으로 나타났던 것입니다. 이것이 바로 예수님의 왕권이 나타나는 순간입니다. 그렇습니다. 이 세상에서, 재림하실 때까지 예수님의 왕권은 세상사람들의 눈에는 감추어진 모습과 형태로 나타납니다. 세상나라의 불의한 권세와 원리가 아무리 기승을 부려도 굴하지 않고, 고난과 어려움속에서 믿음으로 신앙의 길을 지키며, 하나님의 뜻에 따라 바르게 살고자 하는 성도들에게 예수님의 왕권이 나타납니다. 그리고는 이들이 끝까지 그 길을 갈 수 있도록 힘을 주십니다. 바로 이 왕권을 볼 수 있는 눈이 열리도록, 그리고 이 왕권을 힘입을 수 있도록 우리 성도들은 기도해야 할 것입니다.

9
성자 하나님 6:

다시 오시는 예수님

요한계시록 21장

이제 우리는 성자 하나님에 관한 고백의 마지막 항목인 예수님의 재림에 관한 고백에 이르렀습니다. 사도신경은 성자 하나님께서 "저리로서 산 자와 죽은 자를 심판하러 오시리라"고 고백함으로써, 다시 오시는 성자 하나님은 처음 오실 때와는 달리 온 인류를 심판하시는 주님으로 오실 것을 고백하고 있습니다. "저리로서" 온다고 했는데, 여기서 "저리로서"라는 말은 저쪽으로부터 곧, "하나님의 우편으로부터"라는 뜻입니다. 예수님이 다시 오실 것이며, 다시 오시는 예수님은 심판의 주님으로 오신다는 소식은 신약성경 안에만 해도 300번 이상 나올 정도로 성경이 강조하고 있는 진리입니다. 그 많은 귀절들 가운데 가장 기본적인 귀절 한 곳만 인용해 보면 다음과 같습니다. "예수께서 이르시되 내가 그니라 인자가 권능자의 우편에 앉은 것과 하늘 구름을 타고 오는 것을 너희가 보리라"(마가복음 14:62).

인류역사는 시작이 있고 끝이 있다

사도신경은 하나님을 향한 성도들의 신앙을 고백하는 고백문일 뿐만 아니라 기독교인들만이 가질 수 있는 독특한 역사관을 담고 있습니다. 인류의 역사를 해석하는 방법에는 두 가지가 있는데, 하나는 고대 희랍

사상에서 시작된 나선형적 역사관 또는 순환사관이고, 다른 하나는 고대 히브리사상에서 유래한 직선적 역사관입니다. 나선형적 역사관 또는 순환사관에 의하면 역사란 시작도 끝도 없이 동일한 패턴이 끝없이 반복되는 과정으로 이해됩니다. 이 역사관에서는 역사의 과정을 자연계 안에서 일어나는 현상과 똑같은 것으로 생각합니다. 예를 들어서 자연계 안에서는 봄, 여름, 가을, 겨울이 끊임없이 매년 반복됩니다. 이 패턴 안에서 봄이 되면 온 천지에 생명이 돋아나고 여름이 되면 활짝 폈다가 가을이 되면 힘이 다해 시들해지고 겨울이 되면 죽어 버립니다. 이런 현상이 이듬해가 되면 똑같이 반복됩니다. 이처럼 인류역사안에 등장하는 국가나 문명도 처음에는 미약한 모습으로 시작했다가 전성기를 누린 뒤에는 힘이 다해 쇠퇴의 길을 걷고 마침내는 멸망당한다고 합니다. 이처럼 한 국가나 문명이 멸망하면 또 새로운 국가나 문명이 시작되어 똑같은 흥망성쇠의 과정을 밟아갑니다. 이같은 현상이 춘하추동이 순환하듯이 끊임없이 반복됩니다. 이렇게 해서 역사는 시작도 없고 끝도 없이 영원히 반복됩니다. 이렇게 똑같은 패턴이 반복되는 모습이 마치 나사의 골이 똑같은 간격으로 돌아 올라가는 것과 같다고 해서 나선형적 역사관이라는 이름이 붙었으며, 같은 일이 끝없이 반복된다고 해서 순환사관이라고 부르기도 합니다. 이 역사관의 영향을 받은 대표적인 현대의 역사가들이 슈펭글러와 토인비입니다.

그러나 히브리사상에서 기원한 직선적 역사관에서는 역사를 다르게 해석합니다. 역사는 영원히 반복되는 것이 아니고 시작이 있고 끝이 있다고 보고, 역사는 시작한 뒤에 종말을 향해서 발전해 나간다고 해석합니다. 이같은 역사관이 형성된 사상적 근거가 바로 성경입니다. 왜냐하면 성경은 아주 뚜렷하게 역사의 시작과 끝을 말하고 있기 때문입니다. 성경은 인류의 역사가 하나님이 세계와 인간을 창조하신 사건으로부터 시작되었다고 말합니다. 하나님이 이 세상과 인간을 창조하시기 전에는 역사라는 것은 없었습니다. 시작이 있는 역사는 또한 끝나는 종말의 때가 있습니다. 예수님이 다시 오셔서 이 세상을 심판하실 때가 바로 역사의 종말입니다. 그리고 시작으로부터 종말까지의 기간은 역사가 발전되어 가는 기간입니다. 그런데 사도신경은 성부 하나님이 천지를 창조하셨다는 고백에서 시작해서 예수님의 다시 오심을 고백함으로써 역사는 시작이 있고 끝이 있다는 기독교인의 역사관을 천명하고 있는 것입니다. 인류역사는 나선형 사관 또는 순환사관에서 말하는 것처럼 동일한 과정이 끝없이 반복되는 무의미한 순환과 윤회가 아니라 창조에서 시작되어 발전되어 가다가 예수님의 재림에 이르러서 끝이 나는 역사입니다.

역사의 마지막 날에는 온 인류의 모든 역사와 행위가 하나님의 심판을 받는다

이처럼 사도신경의 고백문은 인류의 역사가 시작이 있고 끝이 있음을 고백하고 있는데, 역사의 종말에 관한 고백에는 중요한 내용이 첨가되어 있습니다. 예수님이 재림하심으로써 역사가 끝이 나는데, 예수님이 재림하셔서 어떤 일을 하시는가를 사도신경이 고백하고 있습니다. 그것은 "산 자와 죽은 자를 심판하신다"는 것입니다. "산 자와 죽은 자"라는 표현은 인류역사 전체를 포괄하는 것입니다. 곧 예수님 재림시에 살아 있을 자들뿐만 아니라 그 이전에 죽은 모든 자들도 예수님의 심판을 받게 됩니다. 이 말은 종말의 때에 있을 하나님의 심판으로부터 제외되는 인류의 역사의 순간은 없다는 것을 의미합니다.

지난 강의에서 우리는 하나님의 우편에 앉으신 그리스도에 관하여 공부한 바 있습니다. 이 공부를 통하여 우리가 발견한 진리는 역사 안에서는 예수님의 왕권이 하나님의 나라를 뜻하는 보편적이고 우주적인 교회를 통하여 행사된다는 것입니다. 그런데 예수님의 통치는 믿지 않는 자들의 눈에 그리고 하나님 나라의 법을 거스리면서 사탄의 나라의 법을 따르는 자들의 눈에는 감추어져 있다는 것도 아울러 알게 되었습니다. 여기서 우리가 알 수 있는 사실은 역사 안에는 하나님 나라의 법을 통하여 나타나는 예수님의 통치에 상반되고 때로는 대립되는 악의 통치, 불의한 현실이 엄연한 세력으로 존재하고 있다는 것입니다. 이 세상 안에는 예수님의 다스리심도 있지만 이에 대항하는 악의 통치, 사탄의 통치, 불의의 통치도 존재합니다. 하나님의 나라가 숨기워져 있다는 말은 이 악의 통치가 적어도 외견상으로는 하나님 나라의 통치보다 더 무섭고 강력하고 편만한 세력으로 나타나고 있다는 것을 시사합니다. 그리고 그것이 현실입니다. 우리가 역사를 살펴보면 얼마나 많은 불의와 폭력이 나타났는가를 알 수 있습니다. 이 불의와 폭력에 대하여 역사 안에서 충분한 처벌이나 보상도 이루어지지 않은 채 역사는 그냥 흘러갔습니다. 수많은 서민들이 잔인한 전쟁 때문에 살해당하고, 말할 수 없는 고통을 받고, 마음속에는 한이 맺혔지만, 이 모든 일들이 역사 안에서는 어느 누구로부터도 충분한 보상도 위로로 받지 못한 채 역사의 뒤안길에 묻혀 버리고 만 일이 비일비재합니다. 히틀러 치하에서 잔혹하게 살해당한 600만명의 무고한 사람들이 역사안에서 보상을 받았습니까? 이들이 누구로부터 위로를 받았습니까? 전쟁후에 일부 독일인들이 이들의 묘지를 방문해서 눈물을 흘리고 참회하는 것으로 이들의 빼앗긴 세월과 짓밟힌 생애가 보상이 되겠습니까? 스탈린 치하에서 잔인하게 학살당한 2000만명의 무고한 생명이 보상을 받았습니까? 과연 이들의 희생과 한이 보상이 가능하고 위로가 가능하겠습니까? 50년 가까운 세월동안 가혹한 김일성 독재정권의 통치하에서 죽임당한 우리 동포들, 인권도, 복음을 들을 기회도, 유복한 경제생활도 다 빼앗긴 채 반세기를 살다가 죽어가야 했던 불쌍한 북한의 동포들, 이로 인하여 이산가족의 한을 품고 오직 남과 북의 혈육을 만나보기를 평생소원으로 삼고 살아오다가 결국 얼굴 한번 보지 못한 채 죽어간 많은 우리 국민들, 이들의 가슴에 맺힌 한이 어디서 보상과 위로를 받았습니까? 역사를 들여다 보면 이런 피맺힌 한들이 얼마나 많이 그대로 묻혀 버리고 세인들의 기억으로부터 잊혀진 바 되었는지 알 수 없습니다.

여기서 우리는 이런 질문을 하지 않을 수 없습니다. "과연 하나님의 공의의 통치는 어디로 갔는가? 하나님이 살아 계신다면 어떻게 역사 안에 이토록 불의한 사건들이 활개를 칠 수 있으며, 그토록 많은 사람들이 가슴에 한을 안고 아무런 위로와 보상도 받지 못한 채 죽어야만 하는가?" 시편기자는 이처럼 무고한 사람들이 억울하게 희생당하고 오히려 이들을 괴롭힌 악인들은 버젓이 잘 살고 부와 명예를 축적하며 형통하는 모습을 보고 너무나 상심한 나머지 하마터면 큰 시험에 들어서 실족할 뻔 했다고 토로합니다. "나는 거의 실족할 뻔하였고 내 걸음이 미끄러질 뻔 하였으니 이는 내가 악인의 형통함을 보고 오만한 자를 질시하였음이로다"(시편 73:2,3). 이른바 신정론의 문제가 제기되는 것입니다. 그렇습니다. 600만명을 무고하게 죽이고도 아무런 벌도 내리지 않고 그대로 내버려 두시는 하나님이라면 어떻게 그런 하나님을 우리가 신뢰할 수 있겠습니까? 하나님은 사랑의 하나님이니까 600만명을 잔인하게 학살한 사람도 대충 봐주고 눈감아 준다면, 그것이 진정한 하나님의 사랑이겠습니까? 그러므로 600만명을 무고하게 살해한 살인마를 손가락으로 가리키면서, "하나님! 왜 저 사람을 공정하게 판단해서 거기에 상응하는 벌을 주시지 않습니까?"라고 항의하는 것은 정당한 항의인 것이요, 이 항의에 답변할 수 없는 하나님이라면 우리가 신뢰할 만한 하나님이 될 수 없는 것입니다. 우리가 신뢰할 만한 하나님은 무한한 사랑의 하나님이기도 하지만 동시에 추상과 같은 정의를 집행하심으로써 무고한 자를 보호하시는 공의의 하나님이셔야만 합니다.

그러면 우리 하나님은 역사안에서 일어난 이 모든 불의의 세력에 대하여 어떻게 자신의 공의를 행사하실까요? 그 대답이 바로 예수님의 재림에 있습니다. 예수님이 재림하시는 때 "산 자와 죽은 자가 모두" 곧, 모든 인류의 역사와 그 역사 안에서 행한 모든 인류의 행동들이 정밀하게 검사받고 판단받고 거기에 상응하는 형벌과 상급이 주어질 것입니다. 역사안에서 일어나는 굵직굵직한 큰 사건들뿐만 아니라 마태복음 25장의 양과 염소의 이야기에서도 나타나 있는 것처럼, 지극히 작은 소자 한 사람에게 한 극히 작은 선행과 악행까지도 면밀하게 하나님 앞에서 검토되고 평가되고 감사받고 거기에 상응하는 상벌이 주어질 것입니다. 역사 안에서 불의가 횡행하고 방자하게 그 손을 펼칠 때에 하나님의 공의가 무너져버리고 죽어버린 것이 아닙니다. 하나님은 다만 공의의 엄정한 집행을 잠시 미루시는 것뿐입니다. 하나님은 인내하시는 것뿐입니다. 그러나 하나님은 무한정 공의의 집행을 미루시지 않습니다. 하나님의 인내에는 한계가 있는데, 곧 예수님이 재림하실 때까지입니다. 예수님의 재림의 때가 되면 역사안에서 보류되었던 모든 악과 불의와 폭력에 대하여 하나님의 준엄하고도 조금도 치우치지 않는 엄정한 심판이 시행될 것이며, 역사안에서 하나님의 오래 참으심 때문에 잠시 보류되었던 하나님의 정의가 남김없이 이루어질 것입니다.

예수님의 재림의 때는 성도들에게는 한없는 위로의 때가 될 것이다

그런데 이처럼 역사안에서 행해진 모든 불의에 대하여 심판을 가하시며, 모든 인간들의 행위를 철저하게 감사하는 재림의 때는 우리 성도들에게는 한없는 위로와 기쁨의 때가 될 것입니다. 예수님이 재림하시는 날이 되면, 예수님을 믿는 자들이나 예수님을 믿지 않는 자들이나 모두 부활합니다. 예수님을 믿는 자들은 부활하는 반면에 예수님을 믿지 않는 자들은 무로 돌아가 버리거나 멸절되어 버린다는 생각은 성경의 가르침과 어긋납니다. 사도행전 24장 15절에 보면 "의인과 악인의 부활이 있으리라"고 분명히 말합니다. 의인도 살아나고 악인도 살아납니다. 그런데 차이는 의인은 부활하여 영원한 생명에 참여하게 되고 악인은 하나님의 심판을 받아서 영원한 부끄러움에 떨어집니다. 요한복음 5장 29절과 다니엘 12장 2절에 이 가르침이 나타나 있습니다. "선한 일을 행한 자는 생명의 부활로, 악한 일을 행한 자는 심판의 부활로 나오리라" (요한복음 5:29). "땅의 티끌 가운데서 자는 자 중에 많이 깨어 영생을 얻는 자도 있겠고 수욕을 받아서 무궁히 부끄러움을 입을 자도 있을 것이며"(다니엘 12:2). 이 세상을 공의로 심판하는 예수님의 재림의 날은 우리 성도들에게는 본격적으로 영원한 생명에 참여하는 날이 될 것이며, 예수님과 더불어 임하는 새 하늘과 새 땅의 백성이 되어서 그 나라 안에 마련된 모든 축복에 참여하는 은혜를 받는 날이 될 것입니다.

이 나라는 온갖 보석으로 단장된 나라입니다. 이 나라는 수정같이 맑은 생명수의 강이 예수님의 보좌로부터 흘러나와 모든 백성들이 목마를 때마다 마실 수 있는 곳이며, 모든 질고와 슬픔과 고통으로 인하여 흘리는 모든 성도들의 눈물을 하나님이 친히 씻겨 주시고, 다시는 사망이 없고, 애통하는 것도, 곡하는 것도 질병도 아픔도 저주도 없는 곳입니다. 이곳에는 참 빛이신 하나님이 함께 계시므로 해와 달이 필요없습니다. 이같은 계시록의 묘사는 하나님이 우리를 위하여 마련하신 새 예루살렘의 풍경의 지극히 작은 일부분에 지나지 않습니다. 이 우주를 창조하신 크신 하나님이 우리를 위하여 새롭게 마련하신 이 나라는 결코 우리를 실망시키지 않을 것이며, 이 나라에 가는 순간 우리는 이 나라의 아름다움과 영화로움에 흠뻑 반해 버리고 말 것입니다. 우리 성도들의 궁극적인 소망이 바로 이 나라에 있으며, 또 이 나라에 있어야 합니다.

하나님의 영광스러운 나라에는 값없이 오직 그리스도의 의로움에 의지하여 참여한다

그런데 성도들은 어떻게 이 나라에 참여할 수 있습니까? 요한계시록은 거듭거듭 이 나라에 참여하는 것은 "값없이" 참여하는 것임을 강조하고 있습니다. "또 내게 말씀하시되 이루었도다 나는 알파와 오메가요 처음과 나중이라 내가 생명수 샘물로 목마른 자에게 값없이 주리니"(요한계시록 21:6). "성령과 신부가 말씀하시기를 오라 하시는도다 듣는 자도 오라 할 것이요 목마른 자도 올 것이요 또 원하는 자는 값없이 생명수를 받으라 하시더라"(요한계시록 22:17). 우리는 이 나라에 값없이 참여합니다. 왜 값없이 이 나라에 참여합니까? 예수님이 우리가 받아야 할 죄의 값을 대신 다 치루셨기 때문입니다. 우리 성도들도 모든 인류와 마찬가지로 하나님의 공의의 심판대 앞에 서게 될 것입니다. 그때 우리가 어떻게 하나님의 공의의 심판을 통과할 수 있겠습니까? 바로 우리가 믿고 영접한 예수님을 의지하여 우리는 심판을 통과하게 됩니다. 우리의 생애를 기록한 필름이 하나님 앞에 있는 스크린에 상영되기 시작할 때, 하나님 앞에서 얼굴조차 들기 어려운 부끄러운 죄악들이 그 스크린에 속속 드러나기 시작할 때, 그래서 우리 스스로가 너무나 부끄러워서 자진하여 지옥의 형벌을 받는 대열에 들어가지 않을 수 없음을 느낄 때, 바로 우리에게 전가되어 우리를 감싸고 있던 예수 그리스도의 완전하고 흠없는 의의 옷이 우리의 발걸음을 막아주고 필름이 다 돌아갈 때까지 우리의 부끄러움을 가려주고 마침내는 우리를 감싸고 있던 예수님의 완전하고 흠없는 의의 옷을 보시고 성부 하나님이 우리를 의롭다고 판단하시고 우리를 그 나라에 참여하도록 허락하실 것입니다.

재림의 날은 갑자기 예기치 않은 때에 오게 될 것이다

이처럼 우리가 참여하게 되는 새 예루살렘, 새 하늘과 새 땅은 예수님의 재림과 함께 이 세상에 임합니다. 예수님의 재림은 오랜 시간간격을 두고 천천히 임하는 것이 아니라 어느 날, 어느 순간 갑자기 동에서 서까지 번개가 번득이는 것처럼 순간적으로 이루어질 것입니다. "번개가 동편에서 나서 서편까지 번쩍임 같이 인자의 임함도 그러하리라"(마태복음 24:27). 예수님의 재림과 동시에 하나님이 마련하신 새 하늘과 새 땅도 하늘로부터 내려올 것입니다. 물론 학자들에 따라서 예수님의 재림과 동시에 새 하늘과 새 땅이 임한다고 보는 견해가 있고, 예수님이 재림하신 후 1000년이 지난 후에 새 하늘과 새 땅이 임한다고 보는 견해가 있으나, 분명한 사실은 새 하늘과 새 땅은 반드시 임한다는 것입니다. 예수님의 재림의 때는 반드시 올 것입니다. 그러나 이 날이 언제 올른지는 아무도 알 수 없습니다. 심지어 오시는 예수님 자신도 이 날이 언제 오는지 모릅니다. 이 날이 언제인가는 오직 성부 하나님만이 아시는 지식입니다. "그러나 그 날과 그 때는 아무도 모르나니 하늘의 천사들도, 아들도 모르고 오직 아버지만 아시느니라"(마태복음 24:36). 이처럼 재림의 때가 오기는 오는데, 그 오는 날짜는 아무도 알 수 없으므로 가장 좋은 재림의 때의 준비는 "항상 깨어 있는 것"입니다.

군대에서 보초를 설 때 가장 보초를 잘 서는 방법은 언제 적이 침투해 올 것인가, 언제 순찰조가 올 것인가를 미리 계산해서 그 시간만 정신차리고 있는 것이 아니라 언제든지 적과 순찰조가 올 수 있다고 생각하고 근무시간 내내 깨어 있는 것입니다. 바로 그것이 재림을 준비하는 성도들의 기본태도입니다. "그러므로 깨어 있으라 집 주인이 언제 올는지 혹 저물 때엘는지, 밤중엘른지, 닭 울 때엘는지, 새벽엘는지 너희가 알지 못함이라 그가 홀연히 와서 너희의 자는 것을 보지 않도록 하라 깨어 있으라 내가 너희에게 하는 이 말이 모든 사람에게 하는 말이니라 하시니라"(마가복음 13:35-37).

10
성령 1:
성령세례의 의미

요한복음 3:1-8

사도신경은 예수님의 재림을 고백함으로써 성자 하나님에 대한 고백을 마무리한 뒤 성령 하나님에 대한 고백으로 넘어갑니다. 사도신경은 아주 간략하게 "성령을 믿사오며"라고 고백하고 있습니다. 그러나 사도신경에서 성령이 차지하는 위치는 이 한 절에 국한되지 않습니다. 성령에 관한 고백에 이어서 등장하는 고백의 내용들은 예수님이 이루신 구속사역을 성도들에게 적용하는 과정에서 행해지는 사역들인데, 이 사역들은 모두 성령 하나님이 주도하시는 일들입니다. 예를 들어서 거룩한 공회 곧, 교회가 설립되고, 교회 안에서 성도들이 서로 교제하기 시작하고, 죄사함을 받고, 죽은 성도들의 몸이 부활하여 영원히 사는 일들은 모두 성령께서 하시는 일들이므로, 실제로 성령에 대한 고백은 사도신경의 마지막 귀절까지를 포함한다고 볼 수 있습니다. 성령은 신자들의 실제적인 신앙생활을 주도하시는 분이기 때문에 성도들이 성령이 어떤 분이시며, 성령의 사역은 어떤 것인가에 관하여 바르게 아는 것은 대단히 중요합니다. 저는 앞으로 네 차례에 걸쳐서 성령에 관하여 성도들이 꼭 알아야 할 네 가지 주제에 대하여 말씀드리고자 합니다. 오늘은 성령에 관한 일반적인 서론과 성령의 세례에 대하여 말씀드리고, 다음 시간에는 성령의 충만에 관하여, 세 번째 시간에는 성령의 열매에 관하여,

그리고 네 번째 시간에는 성령의 은사에 대하여 말씀드리고자 합니다.

성령은 단순한 능력이 아니라 인격을 가지신 하나님이시다

성령을 믿는다고 고백할 때 우리는 성령이 지닌 어떤 신비스러운 능력을 떠올리기 전에 성령이 성부 및 성자와 동등한 하나님이요, 인격을 지니신 살아계신 분이라는 사실을 유념해야 합니다. 우리는 빈번히 우리가 필요할 때 언제든지 끌어다가 쓸 수 있는 능력 정도로 성령을 생각하는 경향이 있는데, 이것은 아주 잘못된 생각입니다. 성령은 우리의 심부름꾼이 아니라 우리의 경배와 찬양을 받으셔야 할 하나님이십니다. 따라서 우리는 성령의 지시와 가르침에 순종하는 태도를 가져야 합니다.

성령 하나님의 사역 1: 창조(성부가 주도)와 구속(성자가 주도)에 참여하고 구속의 적용을 주도하신다

그러면 성령 하나님은 어떤 일을 하십니까? 저는 두 번째 강의에서 삼위일체 하나님에 관하여 말씀드리는 과정에서 두 가지 성령 하나님의 사역을 소개한 바 있습니다. 첫째로, 성령께서는 성부 하나님과 성자 하나님이 주도하신 사역에 동참하십니다. 성령께서는 성부 하나님이 주도하신 창조와 섭리사역에 동참하십니다. 뿐만 아니라 성자 하나님이 주도하신 구속사역에도 참여하십니다. 둘째로, 성령 하나님이 전면에 나서서 주도하시는 사역이 또한 있습니다. 그것은 예수님이 이룩하신 구속사역을 성도들에게 적용하고 완성시키는 사역을 말합니다.

성령 하나님의 사역 2: 일반적 사역과 특별한 사역

다른 방법으로 말한다면, 성령 하나님의 사역은 다시 두 부분으로 구성된다고 말할 수 있습니다. 첫째로, 성령께서는 자연과 인간의 세계를 창조하시고 섭리하시는 일에 참여하십니다. 이것은 성령의 일반적 사역이라고 부릅니다. 둘째로, 오직 성도들에게만 해당하는 사역으로서, 구속사역과 구속사역을 성도들에게 적용하는 사역이 있습니다. 이 사역은 성령의 특별한 사역입니다.

성령의 일반적 사역. 성령께서는 성부 하나님을 도와서 이 세계의 창조와 창조된 세계를 섭리하고 유지하는 일에 참여하십니다. 자연만물 속에 있는 온갖 질서와 법칙들, 생명체가 생명을 유지하는 것, 사람들 마음속에 있는 도덕의식, 죄를 범한 사람들이 여러가지 방법으로 제재를 받고 벌을 받는 것, 정부를 통한 사회질서의 유지 – 이와같은 일들이 모두 성령의 일반적인 사역의 증거들입니다. 또한 사람들의 마음속에 심겨져 있는 진선미를 탐구하는 마음도 성령의 일반적 사역의 증거이며, 죄를 범한 인간은 죽음의 형벌을 당해야 하는데, 그 형벌을 즉시 내리시지 않고 이 세상에서 생명을 연장시켜 주시고 형벌을 유보해 주시는 것도 성령의 일반적인 사역입니다. 이와같은 성령의 일반적인 사역이 있기 때문에 타락한 인간들이 모여서 사는 세상인데도 불구하고 이 세상이 그래도 어느 정도는 사람이 살만한 사회로 유지될 수 있습니다.

성령의 일반적 사역의 한계. 성령의 일반적인 사역은 물론 매우 중요한 사역입니다. 이 사역이 없이 자연계와 인간세계가 사탄의 세력에 그냥 방치되어 있으면 자연계와 인간세계는 극히 무질서한 복마전으로 변해 버리고 말 것입니다. 그런데 중요한 것은 이와같은 성령의 일반적인 사역에는 한계가 있다는 것입니다. 우선 일반적 사역 그 자체에도 이미 한계가 있습니다. 자연의 세계는 한편에서 보면 매우 아름답고 선한 것

같습니다. 그러나 아름답게 보이는 자연계를 잘 들여다 보면 약육강식의 원리가 지배하는 살벌하기 이를데 없는 세계임을 알게 됩니다. 인간에게 도덕의식이 심기워져 있고 도덕을 지키는 생활이 많이 나타나고 있지만 인간세계 안에는 또 얼마나 비도덕적이고 패륜적인 일들이 일어나고 있습니까? 또한 사회질서를 유지하고 선한 자를 보호하고 악한 자를 벌하려는 좋은 목적으로 정부를 세워놓았는데, 오히려 정부 자체가 부패하고 타락해서 악한 자들을 두둔하고 선한 자를 잡아 가두는 일이 빈번하게 일어납니다. 또한 과학의 발전과 인간의 능력의 계발에도 한계가 있습니다. 오늘날 과학의 발달로 달에 사람이 갔다오고 지구궤도에 우주왕복선을 띄울 수 있을 정도가 되었습니다. 굉장한 발전입니다. 그러나 달에 한번 사람이 갔다 오고 우주왕복선을 한번 띄우기 위해서 얼마나 많은 인력과 예산이 소요되어야 합니까? 수만명의 과학자, 기술자들이 천문학적인 숫자의 예산을 사용해 가면서 어렵게 이룩한 결과가 무엇입니까? 겨우 달에 몇일 가서는 돌덩어리 몇개 주워오는 것이 전부이고, 겨우 지구궤도 몇바퀴 뱅뱅 돌다가 내려오는 것이 전부입니다. 너무나 힘들고 너무나 돈이 많이 드니까 달에 몇차례 갔다가 온 뒤로는 아예 다시 달에 갈 엄두도 못내고 있지 않습니까? 들어간 인력과 예산에 비해서 결과는 너무너무 보잘것 없습니다. 의학이 현란할 정도로 발달했다고 하지만 의학으로 해결되지 않는 질병이 너무나 많고, 더우기 인간의 자연적인 죽음앞에서 고도로 발달한 의학은 아무런 힘도 쓰지 못하는 실정입니다.

이와같은 일반적인 한계 이외에 더 중요한 한계는, 성령의 일반적인 사역으로는 결코 죄 문제를 해결하지 못한다는 것입니다. 죄로 말미암아 인간들에게 찾아오는 사망도 해결하지 못하고, 성령의 일반적인 사역만으로는 결단코 인간을 하나님 앞에 의로운 존재로 세울 수 없습니다. 인간들의 가장 궁극적인 문제, 모든 인간들이 가장 두려워하는 문제인 죄와 죽음에 대해서 이 일반적인 사역은 해결책을 제시하지 못합니다. 따라서 이제 죄와 죽음이라는 가장 궁극적인 문제를 해결하기 위하여 성령의 특별한 사역 또는 특별한 은총이 필요하게 됩니다. 이 특별한 은총은 예수님께서 십자가 위에서 이룩하신 구속사역을 인간들에게 적용하는 사역을 가리킵니다. 이 사역의 첫 출발점을 성경은 성령세례라는 용어로써 표현합니다.

성령의 특별한 사역의 출발점으로서의 성령의 세례

성령의 세례가 무엇인가를 이해하기 위해서는 예수님이 무엇 때문에 십자가 위에서 죽으셨는가를 다시 기억할 필요가 있습니다. "모든 사람이 죄를 범하였으매 하나님의 영광에 이르지 못하더니"라는 로마서 3장 23절의 말씀과 같이 모든 인간은 하나님 앞에서 죄를 범한 죄인들이요, 또한 "죄의 삯은 사망이라"는 로마서 6장 23절의 말씀에 따라서 모든 인간들은 죄의 삯인 사망의 형벌을 받지 않을 수 없게 되었습니다. 그러나 인간들을 사랑하신 성부 하나님은 인간들이 죄를 용서받고 구원을 얻을 수 있는 길을 마련하셨습니다. 그것은 독생자이신 예수님을 이 세상에 보내시고 우리가 받아야 할 형벌을 예수님에게 쏟아 부으시는 것입니다. 예수님은 우리를 대신하여 성부 하나님이 내리시는 죽음의 형벌을 받으셨습니다. 그러나 흠이 없는 깨끗하고 의로우신 예수님은 죽음을 이기고 승리하셨습니다. 예수님이 부활하신 것입니다. 그러면 예수님이 이룩하신 이와같은 대속의 사역이 어떻게 인간들에게 연결될까요? 바로 이 예수님이 내가 받아야 할 형벌인 죽음을 당하셨다는 것을 믿고, 예수님을 나의 구주로 영접하면 성부 하나님은 예수님이 받으신 모든 형벌을 내가 받은 것으로 간주하시고, 나의 죄를 조건없이 용서해 주십니다. 뿐만 아니라 예수님이 죽으신 죽음이 내가 죄의 형벌을 받고 죽은 것으로 간주되어서 사망의 형벌로부터도 해방됩니다. 또한 예수님의 의로움이 나의 의로움으로 전가되고 옷입혀져서 내가 하나님 앞에서 의로운 자로 여김을 받고, 하나님의 자녀가 되며, 영원한 생명에 참여하게 됩니다. "하나님이 세상을 이처럼 사랑하사 독생자를 주셨으니 누구든지 저를 믿는 자마다 멸망치 않고 영생을 얻게 하려 하심이니라"(요한복음 3:16)는 말씀처럼 우리가 예수님을 구주로 영접하는 바로 그 순간이 모든 일들이 일어납니다.

그렇다면 성령의 특별한 사역의 첫 출발점인 성령의 세례는 언제 찾아올까요? 바로 우리가 예수님을 나의 구주로 영접하는 그 순간 성령이 나의 영혼에 찾아 오십니다. 나의 마음속에 찾아오신 성령께서 예수님이 이룩하신 구속사역을 성도들에게 적용하시면서 단번에 우리를 사탄과 사망의 권세로부터 해방시키시고, 우리에게 그리스도의 완전한 의의 옷을 입혀 주시며, 우리의 영혼을 속사람으로부터 거듭나게 하시며, 우리를 하나님의 양자로 인쳐 주십니다. 나의 영혼 깊은 곳에 들어오신 성령님께서는 즉시 단번에 그곳에 자리잡고 있는 죄악의 뿌리를 제거해 주시고, 영원한 생명의 씨앗을 심어 주신 다음에는, 이제 우리가 하나님의 자녀로 바르게 성장하는 길고 힘든 사역을 시작할 준비를 갖추시는 것입니다. 이것이 바로 성령의 세례입니다. 이 모든 일이 우리가 예수님을 우리의 구주로 영접하는 순간에 <u>단번에</u> 일어납니다. 마태복음 3장 11절, 마가복음 1장 8절, 누가복음 3장 16절, 요한복음 1장 33절에서 세례요한이 예수님을 가리켜서 "성령으로 세례를 주신다"고 예고했는데, 성령으로 세례를 준다는 말이 이와같은 성령의 사역을 뜻합니다.

세례의 의미: 죄를 씻음과 연합함

세례라는 말은 두 가지 의미가 있는데, 하나는 죄를 씻는다는 의미가 있고, 다른 하나는 연합한다는 의미가 있습니다. 따라서 성령으로 세례를 받는다는 말은 성령께서 우리의 마음속에 들어 오셔서 우리 안에 내주하시면서 우리와 연합하시고 동시에 우리의 죄를 씻어 주신다는 것을 의미합니다. 이와같은 성령의 사역을 잘 말해주는 본문이 요한복음 3장에 등장하는 니고데모와 예수님의 대화입니다. 예수님은 자신을 찾아온 니고데모에게 오직 거듭난 사람만이 하나님의 나라를 볼 수 있다고 말씀하십니다. 거듭난다는 것은 죄로 인하여 죽었던 영혼이 새롭게 태어나서 하나님 나라의 영원한 생명에 참여하는 사건을 말합니다. 사람이 다시 태어난다는 이야기를 들은 니고데모는 무슨 뜻인지를 파악하지 못하고 어떻게 사람이 거듭날 수 있는가고 질문을 합니다. 그때 예수님이 말씀하시기를 "진실로 진실로 네게 이르노니 사람이 물과 성령으로 나지 아니하면 하나님 나라에 들어갈 수 없느니라"고 대답하셨습니다. 죄의 뿌리가 제거되고 영혼이 새롭게 태어나는 사역은 바로 성령이 주도하는 사역입니다. 여기에는 어떤 인간의 노력도 공로도 업적도 재능도 인격도 개입되지 않습니다. 오직 성령의 주권적인 사역이 은혜로 값없이 진행될 뿐입니다.

성령의 세례는 경험으로 들여다 볼 수 있는 사역이 아니다

그런데 니고데모와의 대화에서 예수님이 계속해서 하신 말씀을 우리가 주목해 볼 필요가 있습니다. 예수님께서 성령으로 말미암아 거듭난다는 말을 하시자 이 말의 뜻을 알아듣지 못하고 어안이 벙벙해 있는 니고데모에게 예수님은 우리가 예수님을 구주로 영접하는 순간에 일어나는 성령의 거듭나게 하시는 사역의 특징이 무엇인가를 8절에서 말합니다. "바람이 임의로 불매 네가 그 소리를 들어도 어디서 오며 어디로 가는지 알지 못하나니 성령으로 난 사람은 다 이러하니라." 예수님은 성령의 거듭나게 하시는 사역을 바람에 비유하셨습니다. 성령의 사역이 바람의 움직임과 같다는 말은 바람의 모양과 진원지를 우리가 알 수 없듯이 성령의 거듭나게 하시는 사역, 곧 성령세례는 근본적으로 우리가 감각으로 느낄 수 있는 사역이 아니라는 것입니다. 성령세례는 우리의 눈에 잡히지 않는 사역입니다. 우리의 감각으로도 잡히지 않는 사역입니다. 우리가 예수님을 구주로 영접했다고 해서 즉시 나의 이성이 확 바뀌어서 모든 성경의 말씀들을 다 믿게 되는 것도 아니요, 나의 감정이 즉시 발동해서 뜨거운 눈물을 흘리면서 하나님을 찬양하게 되는 것도 아니요, 나의 눈 앞에 뭔가 새로운 환상이 보이는 것도 아닙니다. 물론 사람에 따라서는 이런 현상들이 곧 뒤따를 수 있습니다. 그러나 더 많은 경우에 있어서는 그런 증거들이 즉시 뒤따르지 않습니다. 그 이유는 인간의 영혼이 거듭나는 것은 인간이 이성이나 감각으로 느낄 수 있는 겉사람 또는 의식의 세계에서 일어나는 변화가 아니라 인간의 이성이나 감각으로는 느낄 수 없는 영혼의 깊은 속사람의 차원에서 일어나는 변화이기 때문입니다.

성령의 거듭나게 하는 사역인 성령세례와 이 사역이 맺는 열매를 혼동해서는 안된다

우리는 영혼의 깊은 속사람 안에서 진행되는 성령의 거듭나게 하시는 사역과 이 사역이 맺는 열매를 혼동해서는 안됩니다. 이 점은 매우 중요합니다. 물론 우리는 열매를 보고서 거듭났음을 알 수 있습니다. 그러나 열매는 거듭나는 사역 그 자체는 아닙니다. 그리고 이 열매는 각 사람에 따라서 천차만별로 다양하게 나타나기 때문에 어떤 사람들의 특별한 열매나 체험을 일반화시켜서 그런 체험이 있어야만 거듭났다고 주장하는 것은 중대한 오류입니다. 예를 들어서 어떤 사람이 방언을 받은 뒤에 방언을 받아야만 거듭난 것이라고 주장하는 것은 잘못된 판단입니다. 우리 안에 내주하시는 성령이 맺는 열매 또는 은사는 너무나 많고 다양하기 때문에 어떤 특정한 한 가지 열매나 은사만을 성령이 내주하시는 증거라고 고집하는 것은 매우 위험한 생각입니다. 성령의 내주하심과 성령의 세례는 예수님을 구주로 영접하고 고백하는 모든 신자에게 똑같이 찾아오는 사건입니다. "누구든지 성령으로 말미암지 않고는 예수를 주시라 할 수 없느니라"(고린도전서 12:3)는 말씀처럼 성령이 아니면 예수님을 구주로 고백할 수 없기 때문에 예수님을 구주로 믿는 모든 성도들은 모두 성령의 세례를 받은 사람들입니다. 그러므로 우리 성도들은 성령의 세례를 받은 증거를 어떤 특별한 경험이나 은사를 통해서 확인하려고 하지 말고, 예수님을 나의 구주로 영접하고 믿는 믿음이 나에게 있는가를 생각해보고, 만일 그 믿음이 있으면, 바로 그 믿음이 성령의 세례를 받은 증거요, 성령이 나의 마음속에 내주하시는 증거라고 생각하면 됩니다.

우리의 영혼을 거듭나게 하는 성령의 재창조의 사역, 곧 성령의 세례는 깊은 속사람의 차원에서 일어나는 변화인데다가 너무나 신비로운 사역이기 때문에 이 사역 그 자체는 우리의 이성이나 의식으로 들여다 볼 수 없습니다. 우리가 알 수 있고 볼 수 있는 것은 성령세례를 받은 결과로서 나타나는 현상들뿐입니다. 예컨대, 우리에게 예수님에 대한 믿음이 생겼다는 것은 우리가 알 수 있습니다. 그 믿음이 있는 것을 보고 성령세례가 일어났음을 알 수 있습니다. 또 성령이 내주하시면 대부분의 경우에 열매나 은사가 나타나기 마련인데, 이 열매나 은사들을 보고서 우리의 믿음이 더욱 돈독해지는 것입니다. 대체로 우리의 영혼이 거듭났다는 것은 신앙생활을 오래 해가는 가운데 하나씩 둘씩 그 열매들이 쌓여가고 우리 안에 계신 성령이 우리의 생활속에서 역사하시는 체험이 점점 쌓여가다 보면, 그것들을 토대로 귀납적으로 추측할 수 있을 뿐입니다.

예를 들어서 어떤 사람이 예수님을 구주로 영접했을 때 당분간은 자기속에 무슨 변화가 있었는지 없었는지 느끼지 못합니다. 그러나 교회 생활을 계속 하다 보면 어느 틈엔가 목사님 설교에 은혜를 받기도 하고 미숙하게나마 어떤 문제를 놓고 기도했는데 응답을 받아 보기도 하고 교회에 열심히 나오다 보니까 집사가 되어서 교회봉사를 해보기도 하고 그러면서 한 십년 가량 지나간 뒤에 지나간 세월을 돌이켜 보니까 참 이상한 생각이 드는 것입니다. 어떻게 자기같이 고집이 세고 예수님 믿는 일을 우습게 여기고 의심이 많던 사람이 기도도 하고 은혜도 받고 집사로 봉사도 하고 심지어 아이들에게 성경을 가르치고 있게 되었는가? 곰곰이 생각해 보니까, 어떤 힘이 자기도 모르는 사이에 자기의 마음을 움직이고 상황을 적절하게 인도해서 이런 일을 하게 하신 것이구나 하는 생각을 어렴풋이나마 갖게 되면서, "아하, 바로 이 모든 일들이 내 마음 깊은 곳에 자리잡고 계신 성령님의 인도하심의 증거들이구나. 성령님의 인도하심이 아니면 어떻게 이런 일이 가능하겠느냐? 다 내가 한 일 같았는데, 결국 하나님의 은혜였구나" 하고 간증하는 마음을 갖게 되는 것입니다. 이렇게 해서 믿음의 비밀이 하나씩 하나씩 쌓여가면서 우리의 구원의 확신이 강화되어 갑니다.

11
성령 2:

성령의 세례와 충만

요한복음 7:37-39

성령세례는 성령께서 성도들의 영혼 깊은 곳, 곧 속사람 안에 들어오셔서 그곳에 자리잡고 있는 죄의 뿌리를 제거하시고 우리의 영혼의 깊은 차원을 새롭게 창조하심으로써 우리의 영혼을 거듭나게 하는 사역을 뜻합니다. 이 사역은 우리가 예수님을 우리의 구주로 고백하고 영접하는 기도를 드리는 순간에 단번에 이루어집니다. 전광석화와 같이 일어납니다. 여기에는 어떤 인간의 업적도 공로도 개입하지 않으며 오직 성령의 주권적인 작용만이 있을 뿐입니다. 그리고 이 성령의 사역 그 자체는 인간의 의식으로 감각할 수 없는 인간의 영혼 깊은 곳, 곧, 우리의 속사람 안에서 일어나기 때문에 인간의 의식이나 감정으로 또는 심리적으로 감지할 수가 없습니다. 너무나 신비로운 삼위일체 하나님의 새 창조의 사역이라는 점도 이 사역을 인간이 감지할 수 없는 이유가 됩니다.

성령의 세례는 모든 기독교인에게 임하는 보편적 축복이다

그런데 중요한 것은 이 놀라운 성령의 사역 곧, 성령세례는 예수님을 구주로 영접한 모든 기독교인에게 공통적으로 일어나는 보편적인 축복이라는 사실입니다. 여기에는 차별이 있을 수 없습니다. 신앙생활을 오래 한 사람이나 연륜이 짧은 사람이나, 어떤 특별한 체험이 있는 사람이나 그저 평범하게 신앙생활을 하는 사람이나, 방언을 하는 사람이나 방언을 하지 않는 사람이나, 목사나 장로나 집사나 초신자나, 감리교인이나 장로교인이나 성결교인이나 아니면 심지어 카톨릭교인이나, 차별이 있을 수 없습니다. 그러므로 사도 바울은 고린도전서 12장 13절에서 이렇게 말합니다. "우리가 유대인이나 헬라인이나 종이나 자유자나 다 한 성령으로 세례를 받아 한 몸이 되었고 또 한 성령을 마시게 하셨느니라." 본문에서 성령으로 세례를 받았다는 표현이나 성령을 마신다는 표현은 같은 뜻입니다. 이처럼 성령세례는 기독교인이 처음 기독교인이 될 때 받는 축복이지 기도를 많이 함으로써 얻는 결과적인 축복이 아닙니다. 성령세례는 또한 모든 기독교인들에게 차별없이 임하는 보편적인 축복이지 어떤 특별한 체험을 가진 사람에게만 주어지는 특별한 축복이 아닙니다. 성령세례는 점진적으로 이루어지는 것이 아니라 단번에 순식간에 전광석화와 같이 이루어지는 사건입니다. 성령세례는 체험될 수 있고 감각될 수 있는 축복이 아니라 인간이 감각할 수 없고 체험할 수 없는 축복입니다. 성령세례는 겉사람 또는 의식의 세계에 임하는 축복이 아니라 속사람 또는 잠재의식의 차원에 임하는 축복입니다. 따라서 누구라도 자기가 겪은 어떤 특별한 경험을 가지고서 그런 경험이 있어야만 성령세례를 받는 것이라고 말하면 이것은 건전하지 못한 성령론을 가르치는 것입니다. 예를 들어서 방언을 하든지 어떤 특별한 예언을 하든지 아니면 병을 고치는 능력을 받는다든지 아니면 귀신을 쫓아내는 능력을 받는 것은 물론 성령을 받은 성도들에게 은사로서 주어질 수 있는 현상들이지만 이같은 현상들을 성령세례와 동일시한다든지 성령세례를 받으면 반드시 이런 현상들이 뒤따라야 한다고 주장하면 비성경적인 가르침이라고 단정해야 합니다.

예수님을 구주로 영접한 성도들이면 누구든지 성령세례를 받았음을 뒷받침하는 본문들이 여러군데 있는데 그 가운데서 가장 고전적인 본문은 고린도전서 12장 3절 말씀입니다. "그러므로 내가 너희에게 알게 하노니 하나님의 영으로 말하는 자는 누구든지 예수를 저주할 자라 하지 않고 또 성령으로 아니하고는 누구든지 예수를 주시라 할 수 없느니라." 성령으로 말미암지 않고는 아무도 예수님을 주라고 고백할 수 없다는 말은 성령을 받은 증거, 곧, 성령세례를 받은 가장 확실한 증거는 예수님을 나의 주님으로 고백하는 것이라는 말입니다. 어떤 사람이 예수님을 구주로 고백하는 것을 보고 우리는 그가 성령세례를 받았다고 말할 수 있다는 것입니다. 여기서 우리가 주목할 것은 이 말씀이 고린도서에 있다는 점입니다. 사도 바울은 고린도교회 교인들을 염두에 두고 "한 성령으로 세례를 받았다"고 말하고 있는데 고린도교회 교인들이 어떤 교인들입니까? 윤리적으로 얼마나 문제가 많고 교회안에서는 여러 파로 나뉘어져서 싸우던 사람들이 바로 고린도교회 교인들입니다. 이런 교인들을 향해서 바울은 "한 성령으로 세례를 받았음"을 상기시키면서 이들의 행동을 책망하고 있는 것입니다. 바울이 이들을 향해서 "육신에 속한 자"라고 책망하고 있는데(고린도전서 3:1,3), 이 말은 주의해서 들어야 합니다. 이 말은 고린도교회 교인들이 그렇게 행동하는 것을 보니까 성령세례를 받지 않은 불신자라는 뜻이 아니고 기독교인은 기독교인인데 생활면에서는 악한 마음(육신)을 따라서 사는 미숙한 기독교인이라는 뜻입니다. 바울은 고린도교회 교인들이 윤리적으로 잘못된 행동을 하는 것을 보고 불신자의 신분으로 돌아갔다고 비판하지 않았습니다. 따라서 오늘날 교회 안에서 윤리적으로 문제가 있고, 도대체 성도의 신분에 합당하지 못한 행동을 하는 사람이 있을 때, "저런 행동은 성도의 신분에는 어울리지 않는 행동이다"라고 생각하는 것은 타당하지만, 그런 행동을 보고 "저 사람은 성령세례를 받지 못한 불신자다"라고 판단하는 것은 극히 신중을 기해야만 합니다.

속사람의 차원에서 성령의 세례를 받은 사람은 겉사람의 차원에서 계속하여 성령의 충만을 받아야 한다

그런데 이제 단회적으로 일어나는 성령의 세례로서 기독교인의 모든 것이 완결되는 것이 아닙니다. 성령세례는 기독교인의 생활여정 가운데 최초로 받는 축복입니다. 성령세례는 영혼의 깊은 속사람의 차원에서 일어나는 변화인데, 기독교인이 이 세상에서 영위해야 하는 생활은 겉사람의 세계입니다. 그렇다면 이와같은 겉사람, 또는 의식의 세계는 성령과 무관한 세계인가? 그럴 수가 없습니다. 우리의 삶의 전 영역이 성령의 다스림 아래 들어가지 않으면 안됩니다. 그렇다면 성경은 이와같은 겉사람의 차원, 의식의 세계와 성령과의 관계에 대하여 어떤 교훈을 주고 있는가? 성경이 이와같은 겉사람의 세계와 성령과의 관계를 말하기 위하여 사용하는 표현이 바로 성령의 충만이라는 표현입니다. 사도들이 서술한 서신서에는 성령세례를 받으라는 명령은 나오지 않습니다. 왜냐하면 사도들의 서신을 읽는 독자들은 모두 이미 기독교인이 된 자들이요 성령세례를 받은 자들이어서 성령세례를 받으라는 명령을 다시 들을 필요가 없었기 때문입니다. 그러나 앞으로 기독교인이 될 것을 가정하고 서술된 복음서에는 성령세례를 받으라는 명령이 등장합니다. 그런데 사도들의 서신에는 이미 성령세례를 받은 성도들을 향하여 성령의 충만을 받으라고 명령하고 있습니다. 그 대표적인 본문이 에베소서 5장 18절입니다. "술취하지 말라 이는 방탕한 것이니 오직 성령의 충만을 받으라." 우리는 성령의 세례를 받았으나, 계속해서 성령의 충만함을 받아야 합니다. 성령의 충만함은 우리의 속사람안에 있는 성령의 권능이 우리의 겉사람의 차원에 나타나서 겉사람의 차원 곧, 삶의 차원에 강한 영향력을 행사하는 것을 뜻합니다.

성령의 충만은 간구하고 사모하는 자에게 계속하여 임한다

성령의 세례는 값없이 은혜로 단번에 주어집니다. 그러나 성령이 생활속에 충만하게 역사하는 것은 간구하고 사모하는 자에게 나타납니다. 성령의 세례는 단번에 전광석화와 같이 일어납니다. 그러나 성령의 충만은 점진적으로 나타납니다. 성령의 세례는 완전하고 실수가 없습니다. 단번에 모든 것을 성취합니다. 곧, 단번에 우리의 죽었던 영혼을 새롭게 창조해내고 단번에 사망의 권세에 사로잡혀 있던 우리를 하나님의 나라로 옮겨 버립니다. 속된 말로 표현한다면 한 방에 깨끗이 끝내 버립니다. 그러나 우리의 생활속에 나타나는 성령의 역사는 우리의 실수와 죄 때문에 언제나 불완전한 모습으로 나타납니다. 또 성령이 한번 충만하게 임했다고 해서 항상 충만할 것이라는 보장도 없습니다. 간절히 기도하고 사모하고 성령의 뜻과 주님의 말씀에 순응하는 모습이 보이면 성령도 대체로 우리에게 충만하게 임합니다. 그러나 기도하기를 게을리하고 교회생활을 등한시하고 말씀읽기를 게을리하고 자기고집대로 살면 성령은 충만함을 거두어 가 버리십니다. 그때는 성령이 충만하게 임하기는 커녕 근심하며 탄식하십니다.

고린도교회 교인들이 바로 성령을 근심케 하고 탄식하게 하는 교인들이었습니다. 여러분이 잘 아시는 아브라함은 하나님과 함께 동행하는 신앙인이었으나, 하나님의 약속에 불순종하고 하갈과 동침하여 이스마엘을 낳고 나서부터 13년간이나 하나님이 아브라함을 떠나 있었습니다. 삼손도 여호와의 신이 함께 하는 사람이었으나 하나님의 약속을 어기고 들릴라에게 비밀을 말한 뒤로는 여호와의 능력이 떠나갔습니다. 사울왕도 하나님이 함께 하는 사람이었으나 다윗에 대한 질투심에 사로잡힌 후부터 하나님이 사울을 떠나셨습니다. 이같은 구약의 사건들은 무엇을 의미합니까? 신약의 용어를 사용한다면 이들에게 임했던 성령의 충만한 능력이 떠나 버렸다는 것을 뜻합니다.

성령의 충만이 우리에게서 떠날 수도 있음을 유념하라

이처럼 성령의 충만함이 떠나버리면 우리는 이름은 기독교인인데 능력도 힘도 없고 마른 나뭇가지처럼 바짝 메마르고 볼품없는 미지근한 성도들이 되는 것입니다. 그런데 성도들이 이렇게 될 수 있는 가능성은 누구에게나 열려 있습니다. 초신자에게도, 신앙생활의 경륜이 오랜 신자들에게도 성령이 충만할 수 있는 가능성이 열려 있지만, 또한 성령의 충만이 떠날 수 있는 가능성도 열려 있습니다. 평신도에게도, 집사에게도, 권사에게도, 장로에게도, 목사에게도 이 가능성은 열려 있습니다. 장로가 되고 목사가 되었어도 성경연구하지 않고 기도하기를 게을리하고 엉뚱한 일을 하게 되면 바짝 말라 버리고 맙니다. 그러나 초신자라도 성경배우는 일을 꿀맛같이 여기고 기도하기를 즐겨하고 성령의 능력을 사모하면 성령은 충만하게 임합니다. 처음이 나중되고 나중이 처음됩니다. 따라서 신앙생활의 세계에서는 프로선수가 있을 수 없습니다. 모두가 다 아마추어일 뿐입니다. 자기가 신앙생활의 프로가 되었다고 생각하는 순간 그는 이미 타락하기 시작하는 것입니다. 일주일 전에 성령충만받았다고 해서 오늘도 성령이 반드시 충만하라는 법이 없습니다.

성령의 능력이 항상 우리에게 충만하게 나타나는 것이 아님을 깨닫는 것은 매우 중요합니다. 예를 들어서 어떤 사람이 병고치는 은사를 받아서 여러 사람의 병을 고쳐 주다 보면 소문이 나고 사람들이 몰려들기 시작합니다. 아마도 그가 계속해서 기도하고 능력을 간구하면 성령께서 계속 충만하게 그에게 나타날 가능성이 큽니다. 그러나 그에게 임한 병고치는 은사는 하나님이 원하시지 않을 경우에는 언제든지 떠날 수 있습니다. 그렇다고 해서 그가 받은 성령세례가 무효가 된 것은 아닙니다.

또 그가 병고치는 은사를 나쁜 목적에 사용하든지 기도를 게을리하든지 하게 되면 언제든지 병고치는 은사는 떠날 수 있습니다. 문제는 이렇게 해서 은사가 떠나고 난 후에도 사람들이 병을 고쳐달라고 몰려오는 수가 있다는 것입니다. 이때 그가 기도해보고 능력이 안 나타나면 이제는 더 이상 성령께서 능력을 행사하시지 않는다는 점을 인정하고 사람들에게 솔직하게 말하고 돌려 보내면 아무런 문제가 없는데, 슬그머니 유혹이 생겨서 모여든 사람들을 어떻게 해서든지 자기를 따르게 하려고 성령의 능력이 떠났는데도 이상한 다른 방법을 동원해서 병을 고치려고 하게 되면 그때부터 문제가 생기는 것입니다.

정상적인 성도는 성령의 충만을 항상 갈급해야 한다

성령의 충만을 받을 것을 명령하는 본문은 앞에서 말씀드린 에베소서 5장 18절 이외에 아주 적절한 본문이 또 있습니다. 그 본문은 요한복음 7장 37-39절 말씀입니다. "누구든지 목마르거든 내게로 와서 마시라 나를 믿는 자는 성경에 이름과 같이 그 배에서 생수의 강이 흘러나리라 하시니 이는 그를 믿는 자의 받을 성령을 가리켜 말씀하신 것이라." 이 말씀은 성령충만의 성격을 아주 잘 보여주는 본문입니다. 예수님의 이 말씀은 태양볕이 뜨겁게 내려 쪼이는 무더운 날씨에 메마를 대로 메마른 광야나 사막을 여행하는 여행자를 머리 속에 그리면서 하신 말씀입니다. 이 여행자는 탈수상태로 허덕이면서 물을 갈구하는 자입니다. 여기서 태양볕이 뜨겁게 내려 쪼이는 광야는 하나님이 없는 메마르고 삭막한 세속사회를 상징합니다. 이 사막을 여행하는 여행자는 성도들을 상징합니다. 성도들은 어떤 자들입니까? 성도들은 메마르고 삭막한 이 세상 안에서 살아갈 때 갈증으로 허덕이는 자들입니다. 성도들이 메마르고 삭막한 이 세상 안에서 살아가면서 영적인 갈증을 느끼지 못하고 이 세상이 그저 달콤하고 감미롭게 느껴지면 뭔가가 벌써 잘못된 것입니다. 성도들은 이 세상을 살아가면서 의에 주리고 목말라야 합니다. 하나님이 주시는 힘에 갈급해야 합니다. 성령의 권능을 사모해야 합니다. 주리지도 않고 목마르지도 않는 상태는 장차 우리가 가게 될 새 예루살렘에서만 맛볼 수 있는 상태입니다. 이 세상에서 살아갈 때 주리지도 않고 목마르지도 않고 항상 배부르다고 느끼면 그 성도는 시험에 빠진 성도일 수 있습니다. 교회를 나오지 않아도 그저 편안하고, 말씀을 듣지 않아도 마음에 아무런 불안함도 없고, 기도하지 않아도 그저 즐겁다면 자기도 모르게 세상의 유혹에 깊이 빠진 사람입니다.

예를 들어서 우리가 이 세상에서 육체적인 생명을 유지하려면 끊임없이 먹고 마셔야 합니다. 가정주부들은 사람이 얼마나 자주 먹어야 하는지 잘 아는 분들입니다. 아침식사를 마련해서 가족식구들 먹여서 보내고 나면 금방 점심식사 반찬걱정을 해야 하고, 점심 먹고 나면 금방 또 저녁반찬 걱정을 해야 합니다. 하루종일 삼세끼 밥해대다가 하루가 저무는 것 같습니다. 그러나 어쩔 수 없습니다. 그렇게 줄기차게 먹어야 우리 생명이 유지됩니다. 부페에 가서 근사하게 한 끼를 배부르게 먹고 나면 일주일동안 안먹어도 살 수 있습니까? 아주 근사하게 한 끼를 먹으면 다음 한 끼 정도는 건너 뛸 수 있지만, 두 끼째는 어김없이 먹어야 합니다. 몇끼를 굶고도 배고픔을 못느끼면 몸에 이상이 생긴 것이지요. 마찬가지입니다. 신자라면 규칙적으로 영적인 갈급함을 느끼는 것이 정상입니다. 한 주일이라도 예배를 드리지 않거나 성경공부를 거르거나 기도하는 시간을 거르면 뭔가 답답하고 견딜 수 없음을 느껴야 살아있는 신자입니다.

그러면 이렇게 성도들이 이 세상의 생활 속에서 갈증을 느끼면서 허덕일 때 어떻게 해야 합니까? 예수님은 "내게로 와서 마시라"고 명령하십니다. 아니, 우리 안에 이미 예수님이 계신데 왜 또 새삼스럽게 예수님께 가야 합니까? 그 이유는 예수님은 언제든지 우리의 갈증을 만족시켜 주실 수 있는 생수의 근원을 가지고 계시지만 이 생수는 찾는 자에게만 주어지기 때문입니다. 찾지 않는 자에게도 이 생수가 자동적으로 주어지는 것은 아닙니다. 예수님께 나아간다는 것은 예수님께 기도하고 예수님의 말씀을 듣고 배우는 것을 뜻합니다. 우리 안에 들어오셔서 떠나지 않으시고 항상 계시는 예수님께 우리는 규칙적으로 날마다 새롭게 나아가서 새롭게 성령의 능력을 간구해야 합니다.

이처럼 우리가 날마다 그리고 규칙적으로 예수님께 새롭게 나아가서 능력을 주시기를 간구할 때 어떤 현상이 일어납니까? 예수님은 계속해서 말씀하시기를 "그 배에서 생수의 강이 흘러나리라"고 하셨습니다. 누구의 배에서입니까? "예수님께 나아와 간구하는 자의 배에서"입니다. 나오기는 예수님께 나오는데 생수는 어디서 흘러 나옵니까? 간구하는 자의 배에서 흘러 나옵니다. 간구하는 자의 배에서 생수의 강이 흘러나온다는 말은 간구하는 자의 몸안에, 영혼 깊은 곳 안에 이미 생수의 근원이 계신다, 예수님이 그곳에 이미 계신다, 그곳에 이미 성령세례를 통하여 성령께서 내주해 계신다는 것을 뜻합니다. 우리가 성령의 충만을 구하는 것은 전혀 낯설고 새로운 어떤 것을 구하는 것이 아닙니다. 이미 우리 안에 있는 근원으로부터 나오는 것을 구하는 것입니다. 이미 우리 안에 계신 성령께서 우리의 겉사람의 차원에, 우리의 생각과 삶과 행동의 차원에까지 그 영향력과 주권을 행사해 주시도록 간구하는 것입니다.

이렇게 간구하면 우리 안에 있는 생수의 근원으로부터 생수가 곧, 충만한 성령의 권능이 강처럼 흘러나온다고 말합니다. 깊은 산 속에 있는 샘물의 근원으로부터 한번 샘물이 흘러나오기 시작하면 이 샘물은 냇물을 이루고 점점 더 흘러넘쳐서 큰 강을 이루면서 메마른 대지를 촉촉히 적셔주고 마침내 황무지와 같았던 대지가 아름다운 식물들과 꽃들이 피어나는 들판으로 새롭게 태어나게 됩니다. 이처럼 우리가 끊임없이 우리 안에 있는 생수의 근원으로부터 성령의 생수를 공급받으면 우리의 메마르고 허무하고 짜증스럽고 힘겹고 고달픈 생활이 생명력이 넘치는 활기있는 삶으로 피어납니다. 우리의 입에서 감사가 터져 나오고 찬송이 넘쳐 나오고 이 세상에서 의롭고 바른 삶을 살고자 하는 결심이 새로워집니다. 이처럼 우리의 생활이 성령의 생수로 가득 넘치면 이 성령의 생수는 우리 안에만 머물러 있을 수가 없습니다. 물이 한번 강을 이루면서 흐르기 시작하면 끊임없이 흐르는 강물의 흐름을 아무도 막을 수 없는 것처럼, 우리 안에 넘쳐 흐르는 성령의 생수는 우리를 넘어서서 많은 다른 사람들에게로 흘러 넘쳐서 자연스럽게 그들도 이 생명수의 축복권에 들어오지 않을 수 없게 됩니다. 이렇게 해서 성령이 충만한 성도들이 삭막하고 메마른 이 세속사회를 적셔주고 희망을 주고 새생명이 꽃피게 하는 역할을 하게 됩니다.

성령세례를 받은 모든 성도들에게 이 놀라운 축복이 기다리고 있습니다. 어떻게 이 축복에 참여할 수 있습니까? 어떤 특별한 사람의 안수를 받아야 이 축복이 임할까요? 아니면 산속에 들어가서 며칠동안 두문불출하고 기도에 매달려야 이 축복에 참여할 수 있을까요? 반드시 그럴 필요는 없습니다. 이미 우리 안에 내주하시면서 구하기만 하면 넉넉히 주시는 삼위 하나님께 간절한 마음으로 구하기만 하면 성령의 생수는 충만하게 우리에게 주어집니다. 기도하고 성령의 충만, 성령의 생수가 강같이 흘러서 우리의 마음과 생각을 사로잡아 달라고 기도하십시요. 그러면 성령의 생수가 충만하게 여러분의 삶 속에 흘러 넘칠 것입니다.

그러나 이제 다시 한번 강조하는 것은 이처럼 우리의 생활속에 찾아오는 성령의 충만한 은혜, 우리가 경험할 수 있는 성령의 은혜는 우리가 받은 성령세례의 놀라운 사역을 결코 능가할 수 없고, 그 완전한 새 창조의 사역에 비교하면 언제나 불완전하다는 사실입니다.

12
성령 3:

열매

갈라디아서 5:22-23; 요한복음 16:5-15

지금까지 우리는 성령세례와 충만이 무엇을 뜻하며 또 서로 어떤 관계에 있는가에 대하여 공부했습니다. 그 내용을 간단히 복습한다면, 성령세례는 우리가 예수님을 구주로 영접하는 순간에 이루어지는 단회적인 사역으로서, 우리의 영혼을 속사람의 차원으로부터 거듭나게 하는 사역을 말합니다. "누구든지 성령으로 아니하고는 예수를 주라고 할 수 없다"는 고린도전서 12장 3절 말씀처럼 성령세례를 받은 가장 중요하고 결정적인 증거는 예수님을 나의 주님으로 고백하는 것입니다. 다른 모든 성령체험들은 성령이 우리 안에 내주하시는 결과로서 나타나는 현상들로서 성령세례를 받았음을 간접적으로 증거하는 역할을 합니다. 성령세례를 받음으로써 그 마음속 깊은 곳에 성령이 내주하시는 자에게는 성령의 충만이 약속되어 있습니다. 성령의 충만은 우리의 속사람 깊은 곳에 계시는 성령의 능력이 우리의 겉사람의 차원에 나타나서 우리의 겉사람의 차원에 영향력을 행사하고 지배하고 지도하게 되는 것을 말합니다. 그러나 성령의 충만은 성령세례를 받은 모든 자에게 자동적으로 나타나는 것이 아닙니다. 사모하고 날마다 간구하는 자에게 성령의 충만이 임합니다. 성령세례를 받고 하나님의 자녀가 된 모든 성도들은 자기안에 내주하시는 성령 하나님의 능력이 자기의 생활전반에 충만하고 넉넉하게 나타나도록 간구할 의무가 있습니다. 이 세상에 있는 어떤 것으로도 비교할 수 없는 값진 보배를 우리 안에 두고도 그 보배를 활용하지 않고 그 보배의 빛을 비추이게 하지 않는 성도가 있다면, 그는 게으르고 악한 종이요, 육에 속한 그리스도인입니다. 우리 안에 영원히 솟아나는 생수의 근원을 가지고 있으면서도 우리의 생활이 바짝 마르도록 방치하는 것은 얼마나 무책임한 일인지 알 수 없습니다. 우리는 날마다 성령께서 충만한 생명력으로 우리의 삶의 전 영역에 찾아 오시도록 간구해야 합니다.

성령의 열매 1, 갈라디아서 5:22-23

그러면 이제 우리의 겉사람이 성령으로 충만했을 때 어떤 열매들이 나타날까요? 무엇을 보고서 우리가 성령충만해 있다는 사실을 알 수 있겠습니까? 성령충만의 열매를 생각할 때 우리가 읽어야 할 중요하고 고전적인 본문들은 갈라디아서 5장 22-23절, 에베소서 5장 18-21절, 요한복음 16장 5-15절 등입니다. 이 본문들을 차례로 검토해 보면서 성령의 열매를 어디에서 찾아야 하는가를 생각해 보겠습니다.

먼저 우리가 살펴 보아야 할 본문은 갈라디아서 5장 22-23절입니다. "오직 성령의 열매는 사랑과 희락과 화평과 오래 참음과 자비와 양선과 충성과 온유와 절제니 이같은 것을 금지할 법이 없느니라." 이 본문은 우리가 성령에 충만할 때 나타나는 아홉가지 열매들을 보여주고 있습니다. 예컨대, 우리 마음속에 미움을 제어할 만한 사랑이 있는 것을 보고 우리가 성령충만한 것을 알 수 있습니다. 또한 슬퍼하고 좌절하지 않을 수 없는 상황 속에서도 마음속에서 희락이 떠나지 않는 것을 보고 성령이 충만한 것을 알 수 있습니다. 우리는 음습한 돌감옥에 갇힌 우울하고 절망적인 상황 속에서도 하나님께 기도하고 찬미했던 사도 바울에게서 이와같은 희락의 사람을 만나게 됩니다. 싸움과 불화가 있는 곳에 화평을 이룩하는 것을 보고 성령이 충만한 것을 알 수 있습니다. 마음이 불같이 급하고 쉽게 화를 내며, 다른 사람의 마음을 아프게 하는 말을 부지불식간에 내뱉고 거칠게 행동하던 관습이 바뀌어서 온유한 마음과 절제하는 마음과 선한 행동을 하게 되는 변화가 일어나면 그것이 바로 성령이 충만한 증거입니다. 이 덕목들은 모두 도덕적인 성격을 가진 덕목들입니다. 곧 성령이 충만한 증거는 어떤 신비스러운 체험과 같은 것으로 나타나기 보다는 그리스도인의 바른 도덕적인 마음가짐을 통해 나타납니다.

이 덕목들 가운데 가장 중요한 덕목은 사랑입니다. 여기서 사랑이라고 할 때는 아가페를 말하는데, 아가페는 두 가지 의미를 가집니다. 첫째는, 사랑하는 주체의 입장에서 보았을 때 상대방이 사랑할만한 대상이 아닌데도 불구하고, 곧, 사랑을 받을만한 조건이 없는데도 불구하고 상대방을 선하게 대하는 것을 의미합니다. 둘째는, 자기의 유익을 구하기에 앞서서 상대방의 유익을 먼저 생각하는 태도를 말합니다. 상대방이 우리의 사랑을 받을만한 조건을 갖추지 못했는데도 자기의 유익을 구하기에 앞서서 그의 유익을 구하는 것이 사랑이기 때문에 사랑에는 인내가 필요합니다. 따라서 고린도전서 13장에서는 사랑을 정의할 때 사랑은 인내라는 점을 거듭거듭 강조합니다. "사랑은 오래 참고… 모든 것을 참으며… 모든 것을 견디느니라." 고린도전서 13장에 나타난 사랑의 정의는 참는 것으로 시작해서 견디는 것으로 완결됩니다. 뿐만 아니라 가운데 등장하는 목록들도 도대체 참지 않고서는 실행할 수 없는 것들입니다. 다른 사람이 나보다 잘 되는 것을 보고 솟아 오르는 질투심을 참아내지 않고 어떻게 투기하지 않을 수 있겠습니까? 참지 않고 어떻게 성내지 않을 수 있겠습니까?

오늘날과 같이 사회전체가 인간의 이기심 위에 서 있는 문화속에서는 더욱더 참고 견딤으로써만이 가능한 사랑의 실천이 어려워져 가고 있습니다. 현대인들의 이와같은 자기중심적인 문화를 집약적으로 반영하고 있는 윤리사상 가운데 이른바 정서론이라는 사상이 있습니다. 영어로 이모티비즘이라고 하는 이 사상이 현대의 윤리사상의 줄기가 되어 있습니다. 정서론에서는 선이 무엇인가, 선한 행동이 무엇인가를 말할 때, 바로 인간의 주관적인 감정이나 정서가 지시하는 대로 행동하는 것이 선이라고 말합니다. 모든 사람들이 따라야 할 어떤 객관적인 선의 표준이라는 것은 없고 각 사람마다 그 사람의 감정이나 정서를 만족시켜 줄 수 있는 행동을 하면 그것이 바로 선이 됩니다. 따라서 이 세상에서 각 사람마다 선의 개념이 다 다릅니다. 정서론으로 대표되는 현대문화는 따라서 근본적으로 자기 유익을 구하는 문화입니다. 사회나 주위 사람들의 눈치를 보지 않고 각각 자기 개성을 추구하고 사회나 다른 사람이 자기의 개성에 수정을 가하고 건드리면 분노하고 참아내지 못합니다. 그러나 이런 사회 안에서 살아가고 있는 우리들에게 성경은 성령의 충만을 받으라고 명령하고 성령의 충만을 받은 사람은 오래 참는 가운데 사랑을 실천하는 사람이라고 말하고 있습니다.

여기서 우리가 유념할 것은 성령충만의 열매로서의 사랑은 다른 어떤 신비스러운 성도들의 체험 보다도 우월하고 중요한 은사라는 사실입니다. 이 점은 사랑의 헌장이 들어 있는 고린도전서 13장이 12장과 14장과의 관계에서 차지하는 위치를 잘 살펴 보면 분명해집니다. 고린도전서 12-14장에서 다루는 주제는 고린도교회에서 문제된 신령한 은사들 곧, 방언과 예언활동입니다. 특히 방언과 예언과 병고치는 신령한 은사들을 가진 자들이 자신들이 받은 은사를 자랑하면서 그와같은 은사들을 받지 못한 자들을 무시하는 것을 보고 사도 바울은 이와같은 은사들보다 더 중요한 은사가 무엇인가를 12장 마지막에 부분에서 이렇게 강조합니다. "너희는 더욱 큰 은사를 사모하라 내가 또한 제일 좋은 길을 너희에게 보이리라." 그래 놓고 그 제일 좋은 길에 대하여 13장 앞부분(1-3절)과 끝부분(13절)에서 이렇게 말합니다. "내가 사람의 방언과 천사의 말을 할지라도 사랑이 없으면 소리나는 구리와 울리는 꽹과리가 되고 내가 예언하는 능이 있어 모든 비밀과 모든 지식을 알고 또 산을 옮길만한 모든 믿음이 있을찌라도 사랑이 없으면 내가 아무 것도 아니요 내가 내게 있는 모든 것으로 구제하고 또 내 몸을 불사르게 내어 줄지라도 사랑이 없으면 내게 아무 유익이 없느니라… 그런즉 믿음, 소망, 사랑 이 세 가지는 항상 있을 것인데 그 중에 제 일은 사랑이라." 이렇게 말한 후에 바울은 14장 앞부분에서 모든 은사들을 구할 때 "사랑을 따라 구하라"고 명령합니다. 이 말은 모든 은사들은 사랑을 위해 존재하는 것이요 사랑을 실천하는 수단이 되어야 한다는 것을 의미합니다.

성령의 열매를 얻기 위해서는 성도의 헌신적인 노력과 투자가 있어야 한다

그런데 갈라디아서는 5장에서 성령의 9가지 열매들을 말하고 난 후에 이 열매들이 우리의 생활 속에 나타나게 되는 과정에 관하여 6장에서 중요한 가르침을 우리에게 주고 있습니다. 그것은 갈라디아서 6장 7-9절 말씀입니다. "스스로 속이지 말라 하나님은 만홀히 여김을 받지 아니하시나니 사람이 무엇으로 심든지 그대로 거두리라 자기의 육체를 위하여 심는 자는 육체로부터 썩어진 것을 거두고 성령을 위하여 심는 자는 성령으로부터 영생을 거두리라 우리가 선을 행하되 낙심하지 말지니 때가 이르매 거두리라." 이 본문에 보면 심고 거두는 비유가 등장합니다. 한 사람은 육체를 위하여 심고 거두고, 다른 한 사람은 성령을 위하여 심고 거둡니다. 심는다는 말은 우리의 마음과 생각과 관습과 행동을 어떤 것에 투자한다는 뜻을 가집니다. 첫번째 장면에서 육체라는 말은 우리의 몸을 가리키는 것이 아니고 우리 안에 있는 악하고 비도덕적인 욕망을 말합니다. 결국 육체를 위하여 심는다는 말은 우리 마음속에 있는 악한 욕망에다가 우리의 마음과 생각과 행동을 투자하는 것을 뜻합니다. 그렇게 하면 어떤 열매를 거두느냐? 썩어 냄새나는 고약한 열매를 거둡니다. 반면에 우리의 마음과 생각과 행동을 우리 안에 내주하시는 성령님께 복종시켜서 성령님의 지시와 지배를 받고 그 영향권 안에 들어가게 하면 영생을 열매로 거둡니다. 그런데 여기서 영생이라는 말은 요한복음 17장 3절에 있는 것처럼 하나님을 아는 것을 뜻합니다. 곧 여기서 영생을 열매로 얻었다는 말은 우리가 우리의 마음과 생각과 행동을 투자한 보답으로 영원한 생명을 얻게 되었다는 뜻이 아니고, 하나님과의 더욱 깊은 교제를 나누는 관계에 들어가게 되었다는 뜻입니다.

그런데 제가 이 본문에서 주목하려고 하는 부분은 성령의 열매를 거두는 과정을 심고 거두는 비유로 설명하고 있다는 점입니다. 씨앗을 심자마자 금방 거두는 법이 있습니까? 그러는 법은 없습니다. 씨앗을 심고 나서는 오랜 시간을 기다려야 합니다. 인내가 필요합니다. 물론 씨앗을 심으면 씨앗은 자연적으로 자라나게 되어 있지만 자연적으로 자라난다고 해서 씨앗을 심은 농부가 그냥 내버려 두어도 씨앗이 자랍니까? 그렇지 않습니다. 농부가 끊임없이 할 일이 있습니다. 날마다 한번씩은 들여다 보아야 하고, 잡초가 나면 계속 뽑아주고 가뭄이 들면 물을 주어야 되고 때를 따라서 거름을 주어야 되고 추수 때가 되면 새들이 쪼아먹지 못하게 지켜 주어야 됩니다. 이렇게 해서 얻은 열매는 농부에게 있어서는 열 달 동안 잉태와 산고의 고통을 통해 나은 아들과 같은 존재입니다. 그렇습니다. 갈라디아서에서 말하고 있는 아홉가지 열매들은 성령의 능력으로 자라지만 우리가 할 일이 있습니다. 우리의 마음과 생각과 행동을 성령의 능력의 도구가 되도록 투자해야 하고 헌신하는 노력이 뒤따라야 합니다. 성령세례는 단번에 은혜로 이루어지지만 성령의 열매는 자동적으로 단번에 열리지 않습니다. 성령의 열매를 맺는 사역은 성령의 활동과 인간의 헌신과 노력을 통하여 열립니다. 그리고 이 열매는 이같은 헌신과 노력의 계속되면서 점차 자라가고 성숙해갑니다. 성도의 성화는 점진적으로 이루어집니다.

성령의 열매 2, 에베소서 5:18-21

다음으로 우리가 살펴 볼 본문은 에베소서 5장 18-21절입니다. "술취하지 말라 이는 방탕한 것이니 오직 성령의 충만함을 받으라 시와 찬미와 신령한 노래들로 서로 화답하며 너희의 마음으로 주께 노래하며 찬송하며 범사에 우리 주 예수 그리스도의 이름으로 항상 아버지 하나님께 감사하며 그리스도를 경외함으로 피차 복종하라." 이 본문이 분명히 보여주는 것은 성령충만의 결과는 어떤 은밀하고 신비스러운 경험으로 나타나는 것이 아니라 성도와 하나님, 그리고 성도들 서로가 조화롭고 아름다운 교제를 나누는 모습으로 나타난다는 것입니다. 이 본문에 보면 성령충만을 받은 사람은 화답하면서 찬송하는 사람으로 묘사됩니다. 화답하면서 찬송한다는 것은 함께 모여서 마음을 맞추고 목소리를 맞추고 화음을 맞추어서 같이 주고받으면서 찬송을 한다는 것입니다. 교제 안에서 찬양하는 것을 말합니다. 성령의 충만을 받은 사람은 성도들과 함께 어울려서 교제하며 찬양하는 것을 즐거워하고 기뻐합니다.

그런데 본문은 특히 "마음으로" 찬양할 것을 명령합니다. 이 말씀은 우리들 가운데 노래부르는 재주가 없는 사람들에게 은혜가 되는 말씀입니다. 마음으로 찬양하는데 멜로디가 틀리면 어떻고 박자가 틀리면 어떻고 강약이 틀리면 어떻습니까? 노래를 잘 할 줄 알고 음악이론에 조예가 깊은 사람이 찬양하는 것이 아니라 성령충만을 받은 사람이 찬양을 하는 것입니다. 찬양대에 서서 찬양을 하지는 않아도 얼마든지 찬양을 해야 하고 할 수 있습니다.

또한 20절에 보면 성령충만한 사람은 범사에 감사하고 주를 경외한다고 했습니다. 그런데 이렇게 범사에 감사하고 주를 경외하는 사람은 동시에 성도들 사이에서도 피차 복종하기를 즐거워합니다. 성도들 상호간에 피차 복종한다는 것은 상대방의 의견을 신뢰하고 존중한다는 것을 뜻합니다. 상대방을 신뢰하니까 그의 말을 받아들이는 것입니다. 성도들은 그리스도께 대하여 복종하는 것과 충돌을 일으키지 않는 한 다른 성도들의 의견과 말을 존중하고 거기에 순종할 의무가 있습니다. 성도로서 성도들과의 관계에서 자기의 주관과 주장을 너무 강하게 내세워서 고집이 너무 세다는 평을 들으면 우리의 생활이 성령으로 충만하지 못한 증거가 될 수도 있음을 염려해야 합니다.

성령의 열매 3, 요한복음 14:17; 16:13

이제 마지막으로 요한복음에 보면 성령의 사역에 관한 또 하나의 매우 중요한 가르침이 등장합니다. 요한복음 14장 17절이나 16장 13절에 보면 성령을 가리켜서 진리의 성령이라고 말하고 있습니다. 이 말씀은 매우 중요한 말씀입니다. 진리의 성령이라는 말이 무슨 뜻입니까? 성령은 진리와 함께 역사하시는 분이라는 뜻입니다. 이 점은 16장 13절에 잘 표현되어 있습니다. "그러하나 진리의 성령이 오시면 그가 너희를 모든 진리 가운데로 인도하시리니 그가 자의로 말하지 않고 오직 듣는 것을 말하시며 장래 일을 너희에게 알리시리라." 여기서 중요한 표현은 성령이 "자의로 말하지 않으신다"는 표현입니다. 성령은 자의로 말하지 않으시고 듣는 것을 말하시는데, 계속되는 14절, 15절에 보면 이 듣는 것은 성자 하나님이신 예수 그리스도의 것이라고 되어 있습니다. "그가 내 영광을 나타내리니 내 것을 가지고 너희에게 알리겠음이니라 무릇 아버지께 있는 것은 다 내 것이라 그러므로 내가 말하기를 그가 내 것을 가지고 너희에게 알리리라 하였노라."

이처럼 성령이 자의로 말하지 않는다는 점을 우리가 주목할 필요가 있습니다. 우리 안에 성령께서 내주하시지만 우리 안에 성령이 내주하신다고 해서 나의 마음속에서 성령이 직접 속삭이는 소리가 들리는 것은 아니라는 것입니다. 성령은 말이 적은 영이시며 대부분의 경우에 침묵의 영이십니다. 우리는 우리의 신앙생활이 아무리 깊어지고 기도를 많이 해도 좀처럼 성령이 직접 우리에게 의견을 말하고 구체적으로 말하는 체험을 하는 경우는 드뭅니다. 그러므로 간증을 하거나 우리가 무슨 말을 할 때에 "성령께서 이렇게 말씀하셨다"고 하는 말은 매우 조심해야 합니다. 물론 그 가능성을 전혀 부인하는 것은 아닙니다. 그러면 성령은 어떻게 말씀하십니까? "진리"를 통해서, "예수 그리스도의 것"을 통해서 말씀하십니다. 쉽게 말해서 성경말씀을 통해서 성령은 우리에게 말씀하시고 역사하십니다. 말씀과 성령은 같이 갑니다. 이것은 성령의 겸손을 의미합니다. 성령도 말씀하실 수 있는 영이지만, 성자 하나님의 뜻을 존중해서 오직 진리 곧 기록된 성경말씀을 통해서만 대신 말씀하시는 입장을 굳게 지키시는 것입니다. 그것은 마치 어떤 학자가 분명히 자기가 하고 싶은 말이 있는데, 자기 말로 그것을 주장하지 않고 겸손하게 같은 견해를 표현한 다른 학자의 말을 인용하면서 말을 하는 것과 비슷합니다. 그것은 마치 성자 하나님이 자기자신이 오시는 재림의 때를 알 수 있음에도 불구하고 성부 하나님만이 아시는 지식으로 넘겨 드리는 것과도 같습니다.

이처럼 건실한 성령충만의 사역은 언제나 말씀과 동반해야 합니다. 우리가 말씀을 듣거나 읽거나 공부할 때 항상 성령의 도우심을 간구해야 하는 이유가 바로 그것입니다. 성령의 깨닫게 하시는 역사를 의지하지 않고 말씀을 읽으면 교만해지기 쉽습니다. 그는 냉랭한 지식인은 될 수 있어도 훈훈하고 따뜻한 인격을 갖춘 교회지도자가 되기는 어렵습니다. 그러나 반대로 말씀을 읽지 않고 성령충만을 간구하게 되면 자기자신의 내면에서 일어나는 심리적인 현상을 성령의 말씀이나 뜻으로 오해하기 쉽고 따라서 그릇된 신비주의에 빠지기 쉽습니다. 신비주의라는 것은 인간의 어떤 한 요소를 신적인 것으로 승격시키는 것을 뜻합니다. 성령께서 성경말씀을 통하여 우리에게 말씀하시는데 그 말씀을 직접 들으려고 시도하다가 자신도 모르게 자기의 내면에서 들려오는 심리적인 음성을 성령의 음성으로 오해하게 되는 것입니다.

성경말씀은 하나님의 무한한 사랑과 은혜를 전합니다. 그러나 성경말씀은 이와같은 하나님의 은혜만을 말하지 않습니다. 요한복음 16장 8절에 보면 진리의 성령이 하시는 일이 나오는데, 그것은 "그가 와서 죄에 대하여, 의에 대하여, 심판에 대하여 세상을 책망하는" 일입니다. 하나님의 말씀은 죄를 지적하고 책망하고 의로운 삶이 어떤 것인가를 말하기도 하고 죄와 부도덕한 삶에 대한 하나님의 준엄한 심판에 대해서 말하기도 합니다. 이것은 극히 도덕적이고 윤리적인 사역입니다. 우리는 말씀을 듣거나 공부하거나 읽을 때 이 두 가지를 같이 들어야 합니다. 때로는 준엄한 죄에 대한 책망도 들어야 하고 때로는 하나님의 한없는 용서와 은혜의 복음을 듣기도 해야 합니다. 위로도 들어야 하지만 책망도 들어야 합니다. 이 두 가지를 동시에 들어야 우리의 신앙생활이 균형을 유지할 수가 있습니다.

이제 결론을 맺겠습니다. 성령충만의 열매는 사랑을 실천하는 생활로 나타납니다. 우리가 하나님으로부터 한없는 은혜와 사랑을 받은 자로서 그 사랑을 인간관계에서 실천에 옮기려고 하면 많은 인내와 수고가 필요하다는 것을 유념해야 합니다. 또한 성령충만의 열매는 혼자 기도하고 찬양할 뿐만 아니라 성도들과 어울려 즐겁게 찬양하고 교제하며 성도들의 말에 순종하는 태도로 나타납니다. 또한 성령충만의 열매는 하나님의 말씀을 성령께서 주시는 말씀인 줄 알고 말씀에 주의를 기울이는 태도로 나타납니다. 이때 우리는 말씀이 주시는 은혜와 위로뿐만 아니라 책망과 경고도 기쁘게 받아들일 수 있어야 합니다.

13

성령 4:

성령의 은사들

고린도전서 12장

우리는 지난 세번에 걸쳐서 성령의 세례가 무엇을 뜻하며, 세례는 충만과 어떻게 다르며, 성령이 충만한 자에게는 어떤 열매들이 열리는가를 생각해 보았습니다. 성령의 세례는 우리가 예수님을 구주로 고백하고 나의 주님으로 영접할 때 우리 안에 들어오셔서 내주하시면서 우리의 속사람 안에 있는 죄악의 뿌리를 제거해 주시는 성령의 사역을 말합니다. 성령의 세례는 단번에 일어나며, 완전합니다. 성령의 세례를 받고 마음속에 성령이 내주하는 자에게는 성령의 충만이 약속되어 있습니다. 성령의 세례와는 달리 성령의 충만은 대체로 구하고 사모하는 자에게 주어지며, 불완전하며, 또한 항상 주어지는 것이 아닙니다. 성령의 역사를 사모하기를 게을리하면 언제라도 성령의 충만은 떠날 수 있습니다. 성령의 사역이 우리의 생활 속에서 충만하게 나타나지 않는 이유는 성령의 능력 그 자체에 문제가 있는 것이 아니라 성령을 향한 우리의 태도 때문입니다. 우리의 겉사람 안에 남아 있는 나쁜 죄의 흔적들이 여전히 강하게 우리를 사로잡고 우리의 마음이 그 유혹에 흔들리기 때문에 성령의 능력과 빛이 가리워지는 것입니다. 성령이 충만한 사람에게는 성령의 열매들이 열리게 되는데, 이 열매는 모두 도덕적이고 사회적인 성격을 띠고 있습니다. 성령충만의 열매는 인내하는 가운데 사람들을 사랑으로 용납하는 태도로 나타나며, 홀로 찬양할 뿐만 아니라 성도들과 어울려 함께 찬양하는 것으로 나타나며, 또한 성령의 뜻을 대언하는 말씀에 주의하는 태도로 나타납니다.

열매는 개인에게, 그리고 은사는 교회의 공동생활을 위하여 주어지는 것

성령이 충만하게 임했을 때 한 개인에게 나타나는 결과를 성령의 열매라는 말로서 표현할 수 있다면, 성령의 은사는 교회라는 공동생활을 위해서 주어지는 것이라고 할 수 있습니다. 따라서 성령의 은사는 언제나 교회공동체에 끼치는 유익이 무엇인가를 염두에 두면서 논의되어야 합니다.

성령의 세례와 은사의 역할의 차이 1: 세례는 교회의 통일성의 근거

성령의 은사는 교회공동체를 위하여 주어지는 것이라는 말씀을 드렸는데, 우리는 먼저 교회 공동체 안에서 성령의 세례와 은사가 각각 어떤 역할을 담당하는가를 알 필요가 있습니다. 우선 성령의 세례는 교회의 통일성의 근거가 됩니다. 곧 출신이 어떻든지, 배경이 어떻든지 상관없이 오직 주 예수 그리스도를 고백함으로써 성령의 세례를 받기만 하면 교회의 회원이 됩니다. 아무리 서로 달라 보여도 성령의 세례를 똑같이 받았기 때문에 그리스도 안에서 한 형제요 자매가 됩니다. 쉽게 말하자면 성령의 세례는 성도들을 하나의 띠로 묶어주는 요소가 된다는 것입니다. 따라서 성경에서 성령의 세례를 말할 때는 "누구든지"라는 표현이 강조됩니다. 고린도전서 12장 3절 말씀에 보면, "그러므로 내가 너희에게 알게 하노니 하나님의 영으로 말하는 자는 누구든지 예수를 저주할 자라 하지 않고 또 성령으로 아니하고는 누구든지 예수를 주시라 할 수 없느니라." 우리는 "누구든지"라는 표현이 담고 있는 넓은 포용성을 제한해서는 안됩니다. 예를 들어서 우리는 마음속으로 "도대체 저런 행동을 하는 사람을 어떻게 성도라고 볼 수 있는가?"라는 생각을 가질 수도 있는데, 하나님은 우리에게 이 생각을 넘어서라고 말씀하시는 것입니다. 왜냐하면 우리가 성도가 되는 근거는 오직 예수 그리스도를 믿는 믿음에 의해서이기 때문입니다. 예컨대 우리 가족 가운데 아무리 말썽을 피우고 못된 짓을 하고 돌아다니는 자녀가 있어도 여전히 그는 가족의 일원이듯이, 모든 성도들은 출신이나, 학벌이나, 인종이나, 빈부나, 윤리적인 실천의 정도와는 상관없이 일단 예수님을 구주로 영접한 사람이면 모두 그리스도안에서 영적인 가족으로 용납하지 않으면 안되며, 가족 가운데 말썽쟁이가 있을 때 그것을 가족에게 주어진 십자가로 알고 평생 지고 나가지 않을 수 없듯이 교회 안에 그런 평가를 받을 수 있는 성도들이 있을 경우에도, 교회가 지고 가야 할 십자가로 알고 용납하고 끌어안고 가야 하는 것입니다. 우리 성도들의 개성이 다르고 자라온 환경이 다르고 성격이 다르고 심지어는 윤리적으로 바르게 살아가는 모양이 천차만별일 때, 만일 우리가 서로 다른 점에만 우리의 시선을 집중시키면 도저히 교회의 통일성과 하나됨을 유지할 수가 없습니다. 과감하게 우리의 눈을 번쩍 들어서 그리스도를 바라볼 때 비로소 우리가 하나인 것과 교회의 통일성의 이유를 찾을 수 있게 되는 것입니다.

성령의 세례와 은사의 역할의 차이 2: 은사는 교회의 다양성의 근거

이처럼 성령의 세례가 교회의 하나됨과 통일성의 근거가 되고 있는 것과는 달리 성령의 은사는 다양성의 근거가 됩니다. 따라서 성령의 은사를 말할 때는 "각 사람"이라는 말이 강조됩니다. "각 사람에게 성령의 나타남을 주심은 유익하게 하려 하심이라"(고린도전서 12:7). "각 사람에게"라는 표현이 사용됨으로써 사람 하나하나에게 나타나는 성령의 은사가 다를 수 있음이 벌써 강하게 암시되고 있습니다. 은사라는 말은 "은혜로 주어진 선물들"이라는 뜻입니다. 이처럼 교회는 통일성과 다양성을 동시에 겸비하게 됩니다.

그렇다면 성령의 은사는 얼마나 다양하며 어떤 은사들이 있는가? 은사의 목록을 제시하고 있는 중요한 본문으로는 네 곳이 있는데, 오늘 우리가 읽은 고린도전서 12장, 로마서 3장 8절, 에베소서 4장 7-12절, 베드로전서 4장 10-11절이 그 본문들입니다. 먼저 이 본문들 안에 어떤 은사들이 열거되어 있으며 이 목록이 보여주는 특징이 무엇인가를 살펴보겠습니다. 고린도전서 12장 8-10절에는 아홉가지 은사가 등장합니다. 지혜의 말씀, 지식의 말씀, 믿음, 병고치는 은사, 능력 행함, 예언함, 영의 분별, 방언 말함, 방언을 통역하는 것. 같은 고린도전서 12장 28-31절을 보면 이와는 또 다른 아홉가지의 은사가 등장합니다. 사도, 선지자, 교사, 능력, 병고치는 은사, 서로 돕는 것, 다스리는 것, 방언, 사랑. 이 목록 가운데는 앞에서 말한 목록과 중복되는 것도 있고 새로운 것도 있습니다. 특별히 새로 첨가된 것은 서로 돕는 것, 다스리는 것, 사랑입니다. 로마서 12장 6-8절에는 7가지 은사가 나옵니다. 예언, 섬기는 일, 가르치는 일, 권위하는 일, 구제, 다스림, 긍휼히 여김. 이 목록을 고린도전서 12장에 있는 목록과 비교해 보면, 섬기는 일, 권위, 구제와 같은 목록이 첨가되어 있음을 알 수 있습니다. 에베소서 4장 11절에는 다섯가지 은사가 등장합니다. 사도, 선지자, 복음 전하는 자, 목사, 교사. 이 목록에는 복음 전하는 자와 목사가 새로운 은사로 첨가되어 있습니다. 베드로전서 4장 11절에는 두 가지 은사가 등장합니다. 말하는 은사와 봉사의 은사. 이 두 가지 은사는 모두 이전에 등장했던 은사들과는 종류가 다른 것들입니다.

신약성경에 기록된 은사들은 기독교인들에게 주어질 수 있는 은사의 일부만을 말한 것이다

이같은 은사의 목록을 살펴 보면서 우리는 성령의 은사의 범위에 관한 매우 중요한 특징을 발견할 수 있습니다. 그것이 무엇입니까? 각각의 본문에 등장하는 은사들은 약 20개에 가까운 종류들이 열거되어 있는데, 이들 가운데는 똑같은 내용이 반복되어서 언급된 것도 있고, 종류가 다르지만 잘 살펴 보면 내용상 딱 잘라서 구분할 수 없을 만큼 유사한 것도 있습니다. 예컨대, 섬기는 은사와 봉사의 은사는 다른 종류로도 볼 수 있지만 봉사 안에 이미 섬기는 태도가 전제되어 있기 때문에 매우 유사한 은사입니다. 말하는 은사와 가르치는 은사와 복음 전하는 은사와 목사의 은사와 교사의 은사는 각각 다른 은사들이지만 말을 한다는 점에서 또 분명한 공통점이 있습니다. 또 능력을 행하는 것과 병을 고치는 것이 따로 언급되어 있지만, 능력을 받지 않고 어떻게 병을 고치겠습니까? 따라서 우리가 이같은 은사의 목록을 잘 들여다 보게 되면, 성경기자들의 생각속에 어떤 특정한 몇가지 두드러진 현상만을 염두에 두고 그것만이 은사다라고 생각하지 않고 은사개념을 매우 포괄적이고 넓은 개념으로 사용하고 있음을 알 수 있습니다.

신약성경이 말하는 은사는 고정된 어떤 실체를 가리키는 것이 아니고 아주 다양한 많은 종류들을 담고 있는 하나의 크고 보편적인 범주를 가리키는 개념입니다. 바울은 무한하게 다양한 종류들 - 사도 바울 자신도 다 기억해낼 수 없을 정도로 - 을 포함하는 은사의 커다란 보따리 안에서 자신이 경험한 교회생활 안에서 발견할 수 있는 몇가지 은사를 생각나는 대로 무작위로 끄집어 내서 열거하고 있는 것입니다. 따라서 성경에 기록되어 있는 목록이 결코 무한하게 다양한 성령의 은사들을 다 말한 것이 아닙니다. 이 밖에도 얼마든지 은사를 말할 수 있습니다. 다시 말하자면 시대가 변하면 그 시대에 맞는 은사의 종류도 변할 수 있고 장소가 변하면 그 장소에 맞는 은사도 변화될 수 있다는 것입니다. 신약성경의 은사의 목록에는 포함되지 않았는데 오늘날 교회 안에서 매우 중요하게 취급되는 은사가 있을 수 있습니다. 찬양의 은사가 그 대표적인 예입니다. 그런데 찬양의 은사도 세분하기 시작하면 어마어마하게 많은 종류를 열거할 수 있습니다. 찬양을 지휘하는 은사, 찬송가를 작곡하는 은사, 악기를 다루는 은사 등등으로 세분할 수 있고, 정통성악을 통해서 찬양하는 은사, 유행가곡조를 이용하여 찬양하는 은사가 있고, 악기의 종류만큼 다양한 은사를 열거할 수 있습니다.

신약성경에 기록된 은사들 가운데 어떤 것들은 오늘날은 주어지지 않는다

신약성경 시대에는 극히 중요한 은사였는데, 오늘날의 달라진 시대와 교회에서는 나타나지 않고 주장해서도 안될 은사가 있습니다. 예를 들어서 신약성경의 은사 목록에는 사도와 선지자와 예언의 은사들이 제일 먼저 언급될 정도로 중요시되고 있습니다. 사도의 은사는 예수님이 이 세상에 살아계실 때 예수님을 목격하고 같이 생활하고 개인적으로 친히 육성을 통해서 가르침을 받고 성경을 기록한 일들을 가리킵니다. 선지자는 하나님의 말씀을 직접 받는 것을 가리킵니다. 예언도 역시 하나님이 미래에 일어날 일에 대하여 주시는 계시를 직접 받는 것을 말합니다. 이 세가지 은사는 성경이 기록되던 시대에 나타난 독특한 은사들이기 때문에 다른 시대의 성도들이 받을 수 없는 은사라고 말할 수 있습니다. 예컨대, 오늘날에는 아무도 사도의 은사를 받을 수 없는데, 그 이유는 아무도 예수님과 함께 살아본 경험이 없기 때문입니다. 또 하나님이 주시는 말씀을 직접 듣는 선지자나 예언의 은사도 이미 인류에게 주신 하나님의 말씀인 성경이 완결되고 난 이후의 시대에는 나타나지 않는 은사들입니다. 오늘날 아무리 뛰어난 신학자가 천재적인 말을 하고 방대한 신학서적을 저술해도 그것은 하나님의 계시의 말씀을 해설하는 해설서는 될 수 있고, 성경이해를 돕는 수단이 될 수는 있어도 하나님의 계시 그 자체는 될 수 없습니다. 이처럼 시대와 장소에 따라서 나타나는 은사도 달라집니다. 사람에 따라서도 나타나는 은사가 물론 다릅니다.

우리가 은사문제를 생각할 때 또 한가지 주목해야 할 부분이 있습니다. 앞에 인용한 본문들을 잘 들여다 보면 은사들 가운데는 초자연적이고 기적적인 은사가 있는 반면에, 자연적이고 역사적인 은사들도 있음을 알 수 있습니다. 예컨대 방언의 은사나 병을 고치는 은사나 예언의 은사나 방언을 통역하는 은사나 영들을 분별하는 은사는 초자연적이고 기적적인 은사들입니다.

여기서 방언에 대하여 간단히 생각해 보겠습니다. 성경이 말하는 방언에는 두가지가 있습니다. 사도행전 2장에서 성령충만을 받은 사람들이 각 나라 방언으로 복음을 말했다고 했는데, 여기서 말하는 방언은 외국어를 뜻합니다. 그러나 고린도전서 12장에서 말하는 방언은 신자가 하나님께 기도할 때 나타나는 현상입니다. 우리가 기도를 하다보면 나의 마음속에 표현하고 싶은 것들은 많은데 우리의 언어의 한계 때문에 하나님께 제대로 표현하지 못하는 부분이 있습니다. 이때 우리의 안타까움을 아시고 하나님이 우리의 마음속에 있는 것들을 자유롭게 하나님을 향하여 말할 수 있는 새로운 언어를 주셔서 우리의 마음을 자유롭게 말할 수 있게 하시는데, 이것이 바로 방언입니다. 따라서 방언의 은사를 받은 사람은 자유롭고 시원하게 하나님께 기도할 수 있습니다. 왜냐하면 자기의 마음에 있지만 사람의 말로써 표현하는데 어려움을 느낀 내용들을 자유롭게 표현할 수 있기 때문입니다. 그러니까 방언은 신자 개인에게는 아주 좋은 은사요, 기도를 깊게 하고자 하는 성도들이 사모할

만한 은사입니다. 그러나 방언은 이처럼 신자 개인을 위한 은사이기 때문에 은사의 더 큰 목적인 교회의 유익에는 간접적으로 밖에는 기여할 수가 없습니다. 이처럼 방언은 매우 개인적인 은사이기 때문에 교회공동체에서 너무 드러내놓고 하지 않고 조용히 혼자 기도할 때에 사용하는 것이 바람직합니다.

또한 영들을 분별하는 은사도 있는데, 이 은사는 대체로 기도생활을 깊이 하는 분에게 찾아 옵니다. 기도를 별로 하지 않는 성도들은 마귀의 존재를 잘 느끼지 못합니다. 그러나 기도를 깊이 하는 성도들은 그렇지 않은 성도들보다 더 선명하게 마귀의 존재를 체험하게 됩니다. 마귀의 존재를 체험하게 되었다는 것은 기도생활에 깊이 들어간 증거들 가운데 하나가 될 수 있습니다. 따라서 산에 올라가서 철야하면서 기도한 사람들은 대개 마귀들과 싸운 경험들을 가지고 있습니다. 이렇게 기도를 깊이 하게 되면 어떤 사람의 영혼의 상태가 어떤가, 그 사람이 사탄의 세력에 사로잡힌 사람인가 하는 것들을 판별할 수 있는 영적인 안목이 주어질 수 있습니다. 성도들에게는 이런 안목이 있어야 합니다.

은사에는 초자연적인 것도 있지만 자연적인 것들도 있다

그러나 신약성경의 은사목록을 보게 되면, 이런 초자연적인 은사와 뒤섞여서 그리고 나란히 기적과는 상관없는 자연적인 은사들도 포함되어 있는 것을 보게 됩니다. 예를 들어서 서로 돕는 은사라든가, 다스리는 은사라든가 권위하는 은사라든가 구제하는 은사 같은 것은 자연적인 은사입니다. 믿지 않는 사람들 가운데서도 선천적이든 아니면 교육을 받아서이든 다른 사람을 도와 주는 일을 잘하는 사람이 있고, 정신적인 어려움이 있는 사람을 잘 위로하고 격려해 주는 사람이 있고, 가난하고 불쌍한 사람을 보면 돕지 않고는 견디지 못하는 사람이 있고, 더우기 경영하고 다스리는 일에 탁월한 능력을 가진 사람이 있습니다. 그러면 이 같은 자연적인 재능들은 성령 안에서 논의되는 은사들과는 어떤 관련이 있는가? 이 질문에 대해서는 이렇게 답변할 수 있습니다. "자연적으로 주어진 재능들 또는 예수님을 믿기 전에 주어진 재능들은 예수님을 믿고 난 이후에도 그대로 사용되는데, 다만 그 동기와 목적이 달라지는 것이다." 곧, 기독교인이 선천적으로 주어진 재능들을 주님과 성도들을 사랑하는 동기와 그 사랑을 실천하려는 목적을 가지고 사용하게 될 때 그 재능이 바로 은사가 된다는 것입니다. 물론 이렇게 새로운 동기와 목적을 위하여 사용되는 과정에서 선천적인 또는 원래부터 가지고 있던 재능들로부터 모난 부분들이 조금씩 다듬어지고 정돈되는 변화가 뒤따르겠지요. 이렇게 해서 사용된 재능들이 이제 성령안에서 은사로서 빛을 발하게 되는 것입니다.

특히 오늘날과 같은 사회에서 기계를 조작하는 능력이나 컴퓨터를 조작하는 능력이 교회운영과 관리에 없어서는 안되는데, 이때 이런 능력을 가진 사람이 이 능력들을 바른 동기와 목적을 위하여 그리고 주님을 위하여 사용하게 되면 바로 은사가 됩니다. 심지어는 사람의 인간성 또는 인격도 그렇습니다. 인간성도 상당부분은 선천적으로 또는 자연적으로 형성되어 있는 경우가 많습니다. 그 예를 우리는 바나바에게서 잘 볼 수 있는데, 사도행전 11장 24절에 보면 바나바는 "착한 사람이요 믿음과 성령이 충만한 사람이라"고 말한 것을 보게 됩니다. 바나바는 성도들을 위로하고 격려하는데 탁월한 인물이었는데, 여기 보면 믿음과 성령을 말하기 이전에 성품 그 자체가 벌써 착하다고 되어 있습니다. 바나바의 착한 성품이 믿음과 성령충만을 받자 성령의 값진 은사로서 빛을 발하기 시작한 것입니다. 예컨대 사도 바울로부터 바나바에게서 볼 수 있는 것과 같은 성품을 기대할 수는 없는 것입니다.

성령의 은사는 기독교인 모두에게 주어진다

이제 마지막으로 살펴 보아야 할 문제는 이와같은 성령의 은사가 누구에게 임하느냐 하는 것입니다. 우리가 읽은 네 편의 본문에 보면 이에 대한 답이 이미 나와 있습니다. 네 본문이 은사를 받는 대상으로서 공통적으로 강조하고 있는 표현은 "각 사람"이라는 표현입니다. 각 사람에게 은사가 주어진다는 말은 모든 성도들에게 은사가 주어진다는 뜻입니다. 따라서 어떤 특별한 성도들만이 아니라 모든 성도들이 은사를 받은 자들입니다. 왜 하나님은 모든 성도들에게 은사를 주셨는가? 이는 하나님이 모든 성도들이 교회의 유지와 성장에 함께 참여하기를 원하시기 때문입니다. 왜 모든 성도들이 교회일에 적극적으로 함께 참여해야 하는가? 고린도전서 12장 12-27절에 기록되어 있는 것처럼 성도들은 모두 한 몸의 지체들이기 때문입니다. 한 몸에 있는 지체들은 어느 한 부분도 필요없는 부분이 없고, 모든 지체들에게 몸 전체를 유지하는데 필요한 기능이 다 예외없이 부여되어 있습니다. 머리가 자기가 가장 중요하다고 해서 발을 보고 필요없다고 할 수 없고, 눈이 자기가 중요하다고 해서 손톱을 중요하지 않다고 말할 수 없는 것과도 같습니다.

따라서 성도들은 교회안에서 어떤 한 부분이라도 자기가 할 수 있는 일들을 찾아서 적극적으로 교회운영에 참여해야 할 의무가 있고, 또 그런 의무를 감당할 수 있도록 모든 성도들에게 고유한 은사가 주어져 있습니다. 가장 건전하지 못한 교회는 교역자나 중요한 직분을 맡은 소수의 사람들에게 교회 일을 다 맡겨 버리고 나머지 성도들은 그저 한량하게 주일예배나 나와서 설교나 감상하고 돌아가는 교회입니다. 그것은 마치 운전사 혼자서 눈을 부릅뜨고 좌우를 살피면서 긴장한 가운데 운전을 하고 차에 탄 나머지 승객들은 하염없이 졸음에 빠져있는 버스와도 같습니다. 교회는 이런 버스가 되어서는 안됩니다. 조금 시끄럽고 일이 더디고 비효율적이라도 모든 성도들이 일을 나누어 맡아서 협동하는 공동체가 되어야 합니다. 교회 일을 상의하기 위해서 만나는 과정에서 자연스럽게 성도의 교제가 이루어지는 것입니다. "우리 교회는 교제가 부족하니까 이제 한번 만나서 교제를 해보자"하고 작심하고 만나면 정작 할 말이 없고 쑥스럽기도 하고 그렇게 됩니다. 할 말을 찾다가 없으니까 이제 누구는 어떻고 누구는 어떻고 하고 말하면서 소위 일은 안하고 말만 많은 교회가 되어 갑니다. 그것 보다는 예배를 위하여 모이고, 기도회와 성경공부를 위하여 모이고, 각자가 맡은 교회 일을 하기 위하여 모여서 의논하고 함께 협력하는 가운데 자연스럽게 교제가 이루어지는 것입니다. 각 성도들이 각기 자기가 받은 은사를 통하여 교회 일을 하기 위하여 모일 때 마치 오케스트라 단원들이 각자가 가진 악기를 통하여 독특한 음을 내면서도 그 음이 오케스트라 연주 전체 안에서 하나의 통일된 음악으로 조화와 화합을 이루는 것을 의식하는 것처럼 성도들은 각자가 받은 은사의 독특성을 존중하고 인정해 주면서 이 은사들이 모여서 하나의 아름다운 전체를 이룬다는 생각을 가져야 할 것입니다.

14
거룩한 보편교회

에베소서 2:11-22

지난 시간에 우리는 성령에 관한 공부의 마지막 항목으로서 성령의 은사를 살펴 보았는데, 성령의 은사를 공부하고 이어서 교회에 관한 공부를 하게 되는 것은 매우 잘 짜여진 순서라고 할 수 있습니다. 왜냐하면 성령의 은사가 지니는 가장 중요한 목적이 교회공동체를 운영하고 세우기 위한 것이요, 성령의 은사가 논의되는 지평은 바로 교회 공동체이기 때문입니다. 이와같은 공부순서는 성령에 관한 고백에 이어서 바로 "거룩한 공회를 믿는다"고 고백하고 있는 사도신경의 순서와도 잘 조화됩니다.

교회는 성령의 특별한 사역에 의하여 거듭난 사람들의 공동체

우리는 성령 하나님에 관하여 공부하는 가운데 성령 하나님의 사역은 두가지 유형이 있다는 것을 살펴 본 바 있습니다. 하나는 자연만물과 인간의 일반적인 역사속에 나타나는 일반적인 사역이요, 다른 하나는 인간의 영혼 깊은 곳, 곧, 속사람 속에 내주하셔서 인간을 그 속사람의 차원으로부터 거듭나게 하고 하나님 앞에 의로운 존재로 세우고 하나님의 양자가 되게 하는 구원의 사역, 곧, 특별한 사역입니다. 성령의 이와같은 특별한 사역을 통해서 많은 사람들이 하나님의 양자로 거듭나게 될 때, 이들이 모여서 하나의 공동체를 형성하게 되는데, 이것이 바로 교회입니다. 이처럼 교회는 성령의 특별한 사역을 토대로 하여 형성된 공동체입니다. 성령께서는 자신의 특별한 사역을 통하여 교회를 형성하신 뒤에는 교회 안에 계속해서 충만함으로 역사하셔서 이 교회를 유지하고 성장시키기 위한 일을 하십니다. 따라서 교회공동체는 성령의 특별한 사역으로 시작된 공동체일 뿐만 아니라, 성령의 충만한 사역이 계속해서 나타나는 공동체이기도 합니다.

교회 공동체의 두가지 특징: 거룩성과 보편성

오늘 우리가 공부하고자 하는 "거룩한 공회"라는 우리 말 고백은 좋은 번역이 아닙니다. 이 번역으로는 사도신경이 말하려는 교회의 본질이 잘 드러나지 않습니다. 영어로 된 사도신경 고백이 신학적으로 보다 정확하게 표현되어 있습니다. 영어고백은 "Holy Catholic church"라고 되어 있는데, 이 어귀를 문자 그대로 번역하면 "거룩하고 보편적인 또는 우주적인 교회"가 됩니다. 이 표현은 교회 공동체가 지니는 두 가지 특징을 보여주고 있는데, 첫째로, 교회는 거룩한 공동체이며, 둘째로, 교회는 보편적이고 우주적인 공동체입니다. 영어에 카톨릭이라는 단어가 사용되었는데, 카톨릭이라는 단어는 로마 카톨릭교회를 뜻하는 것이 아니고 "보편적인" 또는 "우주적인"이라는 의미를 가지는 형용사입니다.

교회는 서술적인 의미와 규범적인 의미에서 거룩한 공동체다

사도신경이 고백하고 있는 교회는 거룩한 공동체입니다. 교회가 거룩한 공동체라는 말은 흠이 없고 깨끗한 공동체라는 뜻입니다. 그런데 여기서 교회가 흠이 없고 깨끗한 공동체라는 말은 두 가지 의미로 이해되어야 합니다.

하나는 서술적인 묘사이고 다른 하나는 규범적인 묘사입니다. 서술적인 묘사라는 것은 현재의 상태를 서술하는 것을 말합니다. 예를 들어서 "파바로티는 노래를 잘 부른다"라고 말하게 되면 파바로티가 현재 노래를 잘 부르는 상태를 묘사한 표현입니다. 또 "저 장미꽃은 붉다"고 말할 때도 역시 현재의 상태를 묘사한 표현입니다. 이런 표현을 가리켜서 서술적인 묘사라고 합니다.

두번째로 규범적인 묘사라는 것은 현재 갖추고 있든지 갖추고 있지 못하든지를 상관하지 않고 마땅히 갖추어야 하는 바람직한 상태를 묘사하는 표현을 가리킵니다. 보통 규범적인 표현은 "해야 한다"라는 조동사가 들어가기 마련입니다. "성도들은 기도를 열심히 해야 한다"라고 말하게 되면 규범적인 표현이 됩니다. 그러나 "해야 한다"라는 당위의 동사가 반드시 들어가지 않아도 규범적인 표현이 될 때가 있습니다. 예를 들어서 "성악가는 노래를 잘하는 사람이다"라는 표현은 성악가의 일반적인 상태를 표현하기도 하지만 이미 암암리에 규범적인 의미를 그 안에 담고 있습니다. 곧 이 말 안에는 "성악가라는 호칭을 받고 싶으면 마땅히 노래를 잘 불러야 한다"는 일종의 훈계가 들어 있습니다. 따라서 성악가로 자처하면서 노래를 못부르면 "저런 사람이 어떻게 성악가냐?"라는 비판을 듣게 됩니다.

우리가 교회를 거룩한 교회라고 고백할 때도 두 가지 의미를 가집니다. 첫째로, 이 고백은 서술적인 의미에서 교회는 거룩하다는 것을 뜻합니다. 둘째로, 이 고백은 규범적인 의미에서 교회라면 마땅히 거룩해야 한다는 것을 뜻합니다. 교회가 마땅히 거룩해야 한다라고 할 때는 현재의 교회의 모습이 거룩하지 못하다는 것을 이미 전제하고 하는 말입니다. 이처럼 사도신경의 고백은 교회의 현재의 상태가 거룩하다고 고백해 놓고는 교회의 현재의 상태가 거룩하지 못한데, 이것은 교회의 바른 모습이 아니니까 거룩해야 한다고 앞뒤가 서로 맞지 않는 듯이 보이는 내용을 담고 있습니다. 그렇다면 교회의 현재상태가 거룩하다는 말은 무슨 뜻이며, 또 이미 거룩한 교회를 향하여 현재의 상태가 거룩하지 못하니까 거룩해라고 명령하는 것은 또 무슨 뜻입니까?

그리스도에게 초점을 맞출 때 교회는 서술적인 의미에서 이미 거룩한 공동체이다

먼저, 왜 사도신경은 교회의 현재의 상태를 거룩하다고 고백하고 있는가를 생각해 보겠습니다. 교회가 거룩하다는 말은 교회공동체가 문자 그대로 흠이 없고 깨끗한 공동체라는 것을 뜻합니다. 그렇습니다. 교회는 흠이 없고 깨끗한 공동체입니다. 성도들의 모임인 교회는 마치 순결을 곱게 간직하고 있는 처녀와도 같이 흠이 없고 깨끗한 공동체입니다. 우리가 우리 주위에서 순결한 처녀를 보면 이 처녀를 좋은 신랑감에게 중매를 서고 싶어지는 것처럼 사도 바울은 순결을 곱게 간직하고 있는 교회의 성도들을 그리스도께 신부감으로 중매한다고 말합니다. “내가 하나님의 열심으로 너희를 위하여 열심하노니 내가 너희를 정결한 처녀로 한 남편인 그리스도께 드리려고 중매함이로다”(고린도전서 11:2).

그렇다면 정말로 우리의 내면을 들여다 보았을 때 거룩하신 그리스도의 합당한 신부가 될 수 있을만큼 흠이 없고 깨끗합니까? 그렇지 않습니다. 우리의 내면을 들여다 보면 사실상 우리는 모두 영적으로 바람둥이들입니다. 우리는 하나님을 섬긴다고 하면서 우리의 생각으로 얼마나 빈번하게 하나님이 아닌 다른 것들에 집착했으며, 그것들과 몰래 놀아났습니까? 우리는 얼마나 영적인 창녀촌에 빈번히 들락거렸습니까? 그런데 우리가 어떻게 흠이 없고 거룩한 신부로서 그리스도의 상대역이 될 수 있습니까? 오늘 우리가 읽은 에베소서를 통해서 우리는 그 답변을 듣게 되는데, 19절은 우리들을 성도들 곧, 거룩한 자들이라고 부릅니다. 그리고 어떻게 성도들이 되었는가에 대해서 18절에서는 "성령 안에서"라고 대답하고 있고, 13절에서는 "그리스도 예수 안에서 그리스도의 피로," 그리고 16절에서는 "십자가로" 그렇게 되었음을 말하고 있습니다. 그렇습니다. 교회 공동체가 왜 흠이 없고 거룩합니까? 성도들의 인격 그 자체가 거룩하기 때문이 아니라 성도들의 죄를 대신 짊어 지시고 십자가 위에서 죽으신 그리스도의 피가 우리에게 묻어 있기 때문에 교회공동체는 흠이 없고 거룩한 공동체로 불리워지는 것입니다. 그리스도께서 우리에게 입혀주신 흠없고 거룩한 의의 옷을 우리가 입고 있기 때문에 교회는 거룩한 공동체로 묘사됩니다. 교회의 거룩함의 근거가 인간에게 있지 않고 교회의 머리되신 그리스도에게 있고 또한 성령에게 있습니다. 실제로는 거룩하지 못한데, 그리스도 때문에 거룩한 공동체로 묘사됩니다. 우리는 이 세상을 향하여 당당하고 자신있게 우리의 교회는 흠없고 거룩한 공동체라고 선언하고 전해야 합니다. 현실의 교회가 아무리 결함이 많아도 우리가 이렇게 선포해야 하는 이유는 교회의 거룩함의 근거가 우리의 인격에 있지 않고 그리스도에게 있기 때문입니다.

교회의 구성인원인 사람들에게 초점을 맞출 때 교회는 여전히 거룩하지 못한 공동체이므로 거룩하라는 규범적인 명령을 받는다

그런데 이제 이처럼 그리스도의 피로 그리고 그리스도의 의의 옷으로 말미암아 거룩하다고 선언된 교회와 성도들은 계속해서 거룩하라는 명령을 받게 됩니다. "교회가 거룩하다"는 말은 "이제 그리스도의 피로 흠없고 깨끗한 교회로 선언되었으니, 거기에 합당하게 거룩한 삶을 살아야 한다"는 명령을 이미 그 안에 함축하고 있는 것입니다. 그리스도의 피에 의지해서 교회는 하나님 앞에서 흠없고 깨끗한 교회로 간주되었으나, 교회를 구성하고 있는 인간들의 겉사람은 여전히 부패와 죄의 흔적이 곳곳에 널려 있고 쉽게 죄악에 동요됩니다. 이제 교회는 이미 그리스도의 피로 깨끗해진 자신의 신분과 처지를 항상 생각하면서 이런 세력들과 싸워야 할 의무가 주어집니다. 이것이 지역교회의 형편입니다. 따라서 신학에서는 지역교회를 가리켜서 전투적 교회라고 부릅니다. 성도들은 이 세상을 떠나서 눈에 보이지 않는 하늘의 교회, 하나님의 나라에 가는 날까지 이 지역교회에서 죄의 세력에 대항하여 항상 싸우는 전투를 하게 됩니다.

이 점은 에베소서의 구도를 보면 잘 드러납니다. 에베소서는 1장에서 3장까지 그리스도의 피로 인하여 이미 거룩해진 교회의 영광스러운 신분을 서술합니다. 이 부분에서는 눈에 보이지 않는 보편적이고 우주적인 천상의 교회를 염두에 두고 서술합니다. 그리고 나서 4장에서 6장까지는 이와같은 영광스러운 신분을 지닌 교회가 이 세상 안에서 해야 할 일을 서술하고 있습니다. 여기서 염두에 둔 교회는 이 세상 안에 위치한 지역교회들입니다. 그런데 여기서는 교회가 전투하는 교회로 묘사되는 동시에 교회와 성도들에게는 악의 세력에 대항하여 전투할 것을 명령하고 있습니다. "종말로 형제들아 너희가 주 안에서와 그 힘의 능력으로 강건하여지고 마귀의 궤계를 능히 대적하기 위하여 하나님의 전신갑주를 입으라 우리의 씨름은 혈과 육에 대한 것이 아니요 정사와 권세와 이 어두움의 세상주관자들과 하늘에 있는 악의 영들에게 대함이라 그러므로 하나님의 전신갑주를 취하라 이는 악한 날에 너희가 능히 대적하고 모든 일을 행한 후에 서기 위함이라 그런즉 서서 진리로 너희 허리띠를 띠고 의의 흉배를 붙이고 평안의 복음의 예비한 것으로 신을 신고 모든 것 위에 믿음의 방패를 가지고 이로써 능히 악한 자의 모든 화전을 소멸하고 구원의 투구와 성령의 검 곧 하나님의 말씀을 가지라"(에베소서 6:10-17).

교회는 서술적인 의미에서와 규범적인 의미에서 하나된 (보편적인) 공동체다

사도신경이 고백하는 교회의 두번째 특징은 우주적이고 보편적인 교회라는 것입니다. 교회가 우주적이며 보편적인 공동체라는 말은 교회의 통일성 곧, 하나됨을 강조하는 표현입니다. 교회는 하나입니다. 그런데 사도신경에서 교회는 보편적으로 하나다라고 고백했을 때도 교회를 거룩한 교회라고 고백했을 때와 마찬가지로 두 가지 의미, 곧, 서술적인 의미와 규범적인 의미로 이해되어야 합니다. 곧, 교회는 하나이며 교회는 또한 하나가 되어야 합니다.

교회는 말씀안에 나타난 예수 그리스도를 모퉁이 돌로 하여 형성된 교회이기 때문에 서술적인 의미에서 하나된 공동체다

교회가 하나라는 말의 서술적 의미는 교회를 거룩하다고 했을 때와 마찬가지로 그 근거가 인간에게 있지 않습니다. 특히 에베소서 2장 20-22절에 등장하는 건물의 비유는 교회의 하나됨, 통일성의 근거를 어디에서 찾아야 하는가를 잘 보여 줍니다. 옛날에 건물을 지을 때는 항상 모퉁이 돌을 놓고 이 모퉁이돌을 중심으로 해서 사방팔방으로 기둥을 세우고 방을 만들었습니다. 따라서 모퉁이돌을 축으로 해서 한 건물의 다양한 요소들이 하나의 건물로 통합되고 통일을 이룹니다. 이같은 건물의 비유를 예로 들면서 에베소서 2장 20절에서 사도 바울은 이렇게 말합니다. "너희는 사도들과 선지자들의 터 위에 세우심을 입은 자라 그리스도 예수께서 친히 모퉁이 돌이 되셨느니라."

이 본문을 약간 자세히 살펴 봅시다. 여기 보면 "터"라는 단어와 "모퉁이 돌"이라는 단어가 등장합니다. 터는 모퉁이 돌보다는 넓은 개념입니다. 왜냐하면 집터 안에 모퉁이 돌이 있기 때문입니다. 따라서 이 본문에서는 교회라는 건물을 하나의 구조물로 완성시키는데 필요한 근거가 두 가지 등장하는 바, 하나는 넓은 근거이고 다른 하나는 보다 구체적이고 좁은 근거입니다. 넓은 근거는 "사도들과 선지자들"이고 보다 구체적이고 좁은 근거는 "그리스도 예수"입니다. "사도들과 선지자들"이라는 표현에서 "사도들"은 신약성경을 상징하고 "선지자들"은 구약성경을 상징합니다. 따라서 "사도들과 선지자들"은 신구약성경 전부를 상징합니다. 교회가 하나되는 근거는 하나님의 말씀인 성경에 있다는 것입니다. 계속해서 본문은 교회의 모퉁이 돌이 그리스도 예수임을 말하고 있습니다. 이것은 또 하나의 교회의 하나됨의 근거를 보여주는 것입니다. 이제 우리는 교회의 하나됨의 두 가지 근거를 본문에서 만나게 되었는데 하나님의 말씀과 그리스도 예수가 바로 그것입니다.

이 두 가지가 하나됨의 근거는 중요한 의미들을 가지고 있는데 그 의미들을 두 가지로 정리해 보겠습니다.

첫째로, 하나님의 말씀도, 그리스도 예수도 모두 인간세계에서 기원한 것들이 아니요, 인간의 밖에서 인간에게 찾아오는 것들입니다. 물론 여기서 하나님의 말씀은 인간의 언어와 문화를 통로로 해서 기록되었으나, 하나님이 하늘로부터 주신 계시의 말씀이 그 내용을 형성하고 있습니다. 그리스도 예수도 인간의 몸을 입고 이 세상에 오셨고 인간들의 사회 안에서 생활하신 분이시지만 인간과는 질적으로 다른 하나님이십니다. 이처럼 교회의 하나됨의 근거는 인간 안에 있는 어떤 사상이나 특징에 있지 않고 인간 밖에 있는 하나님의 말씀과 그리스도 예수 안에 있습니다. 따라서 교회의 통일성 또는 하나됨을 추구할 때는 하나님의 말씀과 그리스도 예수를 묵상하고 바라보아야지, 인간 안에 있는 어떤 것을 바라보거나 거기에 근거해서는 안됩니다. 인간 안에 있는 어떤 것으로부터 교회의 하나됨의 근거를 찾기 시작하면 반드시 분파가 생깁니다.

둘째로, 하나님의 말씀과 그리스도 예수라는 두 가지 하나됨의 근거들은 어떤 상호관련성을 지니고 있는가? 앞에서 하나님의 말씀은 넓은 근거가 되고 그리스도 예수는 좁은 근거가 된다고 말씀드렸는데, 이 말은 그렇다고 해서 그리스도 예수가 하나님의 말씀보다 좁다는 뜻은 아닙니다. 이 말의 보다 바른 의미는 하나님의 말씀 안에 그리스도 예수가 담겨 있다는 뜻입니다. 다시 말하자면, 하나님의 말씀 속에서 그리스도 예수를 찾을 때 비로소 교회의 진정한 하나됨을 이룩할 수 있다는 것입니다. 그리스도 예수는 창세기부터 요한계시록까지 하나님의 말씀의 비밀을 풀어주는 열쇠 역할을 하며, 성경해석의 가장 중요한 원리가 됩니다. 물론 하나님의 말씀 안에는 말할 수 없이 다양한 신앙선열들의 신앙생활 이야기가 들어 있고, 다양하고 복잡한 윤리적인 교훈들이 있고, 이스라엘 백성들의 정치, 사회, 문화 이야기들이 복잡하게 얽혀 나타나 있습니다. 그러나 이처럼 수없이 다양하고 복잡한 실타래를 일목요연하게 풀어주고 여기저기 어지럽고 복잡하게 널려 있는 구슬들을 꿰어서 아름다운 목걸이를 만들어주는 역할을 하는 핵심주제가 바로 그리스도 예수입니다. 결국 하나님의 말씀을 통하여 계시된 그리스도 예수에게 관심을 집중할 때 교회는 하나가 될 수 있습니다.

지상교회는 분열되어 있는 바, 정당하지 못한 이유로 분열되어 있는 교회들은 하나되라는 규범적인 명령을 들어야 한다

그런데 이제 서술적 의미에서 이미 하나가 된 것으로 묘사되고 있는 교회에게는 다시 "하나가 되라"는 규범적 명령이 주어집니다. 하나가 되라는 말은 현재 교회가 하나가 되어 있지 않다는 것을 전제합니다. 교회가 서술적인 의미에서 하나가 되어 있다고 말할 때는 교회를 구성하고 있는 성도들의 인격이나 생활 또는 각 교회들의 실제적인 상태를 염두에 두고 하는 말이 아니라 방금 전에 말씀드린 것처럼 주의 말씀과 그리스도 예수라는 터를 염두에 두고 한 말입니다. 그러나 불행하게도 한 주 예수 그리스도를 믿고 있음에도 불구하고 지역교회는 사분오열되어 있습니다.

교회가 이처럼 분열되는 데에는 물론 정당한 이유들이 있을 수 있습니다. 같은 예수님을 믿기는 하지만 성경해석상의 중대한 차이가 있어서 같이 예배의식을 집전하기가 어렵다거나 같이 활동할 경우에 불필요한 부담을 서로 안고 가야 할 경우에 교단을 달리할 수 있습니다. 예컨대, 카톨릭과 개신교의 분열은 예배의 의미와 절차 자체에 서로 합의하기 어려운 차이가 있고 기타 중대한 신학적 차이가 있어서 이루어진 분열인데, 어느 정도는 불가피합니다. 개신교의 두 큰 교파인 루터파와 개혁파도 로마 카톨릭교만큼 입장의 차이가 크지는 않았지만 성찬의 의미에 대한 해석을 둘러싼 신학적 입장의 차이 때문에 서로 다른 길을 걷게 되었습니다. 또한 같은 개신교 안에서 유아세례문제를 둘러싸고 벌어진 논쟁 때문에 다시 침례교가 형성되었는데 이같은 신학적 입장의 차이에 따른 분열은 어느 정도는 불가피합니다. 또 서로 다른 지역으로 전도활동을 해서 전도지역의 특성에 맞게 신앙유형을 발전시키다 보니까 서로 다른 교파를 형성하게 된 경우도 있습니다. 예를 들어서 루터교는 독일과 스칸디나비아지역 쪽으로 퍼져나가 자리잡았고, 스위스의 칼빈의 입장을 따르는 개신교의 일부가 스코틀랜드, 미국, 그리고 한국 쪽으로 주로 퍼져나가면서 장로교를 형성했고, 다른 일부는 네델란드, 미국의 미시간주, 그리고 카나다 일부로 퍼져나가 개혁교단을 형성했습니다. 이

같은 경우는 전도지역의 차이 때문에 어쩔 수 없이 서로 다른 교단을 형성하게 된 경우인데, 이것도 불가피합니다. 또 교회가 영적으로 침체되어 있을 때 각성을 촉구하는 부흥운동을 일으켰다가 따르는 신도들이 많아지자 자연스럽게 교파를 형성하는 경우도 있습니다. 요한 웨슬레를 중심으로 시작된 감리교나 오순절계통의 순복음교단이 대표적인 예로서, 이같은 교단의 형성은 역사적인 필연성을 지니고 있는 것으로서 반드시 부정적으로 볼 필요는 없으며, 오히려 하나님의 말씀의 다양한 해석의 가능성을 드러내준다는 점에서 긍정적인 측면이 있습니다.

그러나 모든 분열이 이처럼 정당한 이유 때문에 이루어진 것만은 아닙니다. 신학적인 이유를 내세우지만 잘 들여다 보면 정치경제적인 이권 때문에 서로 갈라지거나 지역연고와 지방색 때문에 갈라지는 예들이 있습니다. 예를 들어서 한국 개신교의 80% 이상을 차지하고 있는 한국장로교회가 수십갈래로 분열된 것은 철저한 이권과 지방색 때문이었습니다. 이와같은 분열은 교회의 통일성에 중대한 손상을 가하는 것이요, 이같은 분열을 행한 자들과 교회들에 대해서는 "하나가 되라"는 규범적 명령이 주어집니다. 따라서 각 지역교회들은 교회가 지니고 있는 다양성을 건실하게 드러내는 분열이 아닌, 이권과 욕심과 용납하지 못함과 미움과 지방색과 끼리끼리 모이는 파벌의식 때문에 갈라지는 일이 없도록 주의하지 않으면 안될 것입니다.

15
성도의 교제

마태복음 5:43-48, 고린도전서 11:17-34

사도신경에서 성령을 믿는다는 고백 다음에 나오는 고백의 내용들은 모두 성자 하나님이신 예수 그리스도께서 이룩하신 구속사역을 성령 하나님이 신자들에게 적용하는 과정에서 나타나는 성령 하나님의 특별한 사역의 결과들입니다. 성령 하나님의 특별한 사역의 결과로서 거룩한 보편교회가 형성되고, 이 교회 안에서 성도의 교제가 이루어지며, 성령의 사역의 결과로서 성도들은 죄사함을 받고 죽은 육체가 다시 살며, 또한 영원히 살게 됩니다. 여기서 우리는 다섯 가지 성령의 사역이 열거되고 있음을 보게 되는 바, 교회, 교제, 사유함, 신자의 부활, 신자의 영생이 그것입니다.

성도들의 생활은 공동체 안에서 영위되는 사회적 생활이요, 개인주의는 죄악의 근원이다

그런데 이와같은 목록을 배열한 순서에 우리가 주목할 필요가 있습니다. 왜냐하면 이 순서 자체가 어떤 면에서는 우리의 평범한 상식을 넘어서는 것이기 때문입니다. 왜 그렇습니까? 우리의 평범한 상식에 따르면 신자 개인들에게 임하는 성령의 사역인 죄사함이나 부활이나 영생이 먼저 언급되고 나중에 신자 개인들의 모임인 교회가 언급되는 것이 바른 순서일 것 같기 때문입니다. 그런데 사도신경의 고백은 이런 상식을 뒤엎고 성령을 믿는다고 고백하고 나서는 바로 거룩한 보편교회와 성도의 교제를 고백하고, 그 후에서야 비로소 죄사함, 부활, 그리고 영생을 고백하고 있습니다. 이처럼 사도신경의 고백은 성도들의 공동생활에 나타나는 성령의 사역을 먼저 언급하고 후에 성도들 개인에게 찾아오는 성령의 사역을 말합니다.

이같은 배열은 성도들에게 있어서 공동체, 사회성이 얼마나 중요한가를 강하게 시사해 주는 것입니다. 일단 예수 그리스도를 구주로 영접하고 성도들의 반열에 들어서고 난 후에 전개되는 신앙생활은 항상 공동체 안에서 이루어집니다. 하나님이 우리를 위하여 예비하신 새 하늘과 새 땅에는 성도들이 혼자 들어앉아 무엇인가를 하는 공간에 대한 언급을 전혀 찾을 수 없습니다. 모든 성도들이 함께 모여서 하나님을 찬양하고 영광을 돌리는 장면만이 있을 뿐입니다. 뿐만 아니라 이 곳에서는 하나님의 영광이 구석구석 비춰이고 어린 양이신 예수 그리스도의 거룩의 빛이 온 천지에 가득해서 이 빛을 피해 숨을 그늘도 없습니다. 이처럼 새 하늘과 새 땅에서의 생활은 하나님의 빛 앞에 완전히 열린 생활이요, 성도들 상호간의 관계를 결코 피할 수 없는 공동생활이요, 공개된 생활입니다.

이와같은 하나님 나라의 공동체성에 비추어 볼 때 개인주의는 하나님 나라의 원리와는 대립되는 매우 그릇된 사상임을 알 수 있습니다. 인류의 악의 기원을 추적해 들어가면 거기에는 이웃의 상황에 대하여 무관심한 개인주의가 자리잡고 있습니다. 그 기원을 우리는 가인과 아벨 이야기에서 발견할 수 있습니다. 아담과 하와의 타락이야기는 현재 이 세상과는 단절된 이상의 세계인 에덴 동산에서 일어난 사건인 반면 가인과 아벨 이야기는 타락한 이 세상 안에서 일어난 사건으로서 성경에 기록된 최초의 타락이야기라는 점에 의미가 있습니다. 가인은 하나님이 아벨의 제사는 받으시고 자기의 제사를 받지 않으시자 질투심과 분노를 이기지 못한 채 아벨을 죽이고 맙니다. 아벨이 죽고 난 후에 하나님이 가인에게 묻습니다. "네 아우 아벨이 어디 있느냐?" 이 질문을 받고 가인은 이렇게 대답합니다. "내가 알지 못하나이다 내가 내 아우를 지키는 자니이까?"

자, 가인의 이 대답 안에 어떤 태도가 숨어 있습니까? "내 아우가 나와 무슨 상관이 있습니까? 아우는 아우고 나는 나지요. 나는 내 일을 돌보면 되고 아우는 아우 일을 돌보면 되지요. 아우 일은 아우에게 물어보십시요." 철저한 자기 중심주의입니다. 중요한 것은 자기일 뿐, 바로 옆에 있는 이웃의 안위는 나와 아무런 상관이 없습니다. 그러나 "네 아우가 어디 있느냐?"라고 물으신 하나님의 질문은 이미 가인이 아우인 아벨과 뗄레야 뗄 수 없는 사회관계, 연대관계 안에 있음을 전제합니다. 그리고 가인이 이 연대관계를 무시하고 깨뜨렸을 때 결국 하나님의 나라로부터 추방당하고 말았습니다. 왜 그렇습니까? 자기만을 알고 자기의 이익만을 추구하는 생활태도는 도대체가 하나님의 나라의 원리와는 어울릴 수 없는 것이기 때문입니다. 자기중심주의는 오늘날 우리 사회의 문제의 근원이기도 합니다. 예를 들어서 팔당호수는 천만명이 넘는 서울 시민들의 식수원입니다. 그런데 팔당호수 주변에 아파트, 호화 콘도미니움, 공장들을 마구잡이로 지어 놓고 버젓이 폐수를 강물에 흘려보냅니다. 이런 사람들의 의식속에 어떤 생각이 자리잡고 있습니까? "내가 돈을 벌어서 잘살면 그만이지 천만명이 넘는 서울시민이 나와 무슨 상관이 있느냐?" 너무나 크고 무서운 이기주의입니다.

거룩한 보편교회에 대한 고백은 우주적인 하나님의 나라를 향한 것이고, 성도의 교제에 대한 고백은 땅 위에 있는 지역교회를 향한 것이다

이처럼 거룩한 보편교회와 성도의 교제에 대한 고백은 신앙생활에 있어서 공동체 안에서의 관계 또는 사회적 관계의 중요성을 강조하는 고백이라는 사실을 알았으므로 이제 오늘의 주제인 "성도의 교제"에 관한 고백의 내용을 구체적으로 살펴 보겠습니다. 사도신경은 "성도가 서로 교통하는 것"을 믿는다고 고백합니다. 여기서 우리가 주목해야 할 사실은 거룩한 보편교회를 고백할 때는 고백의 대상이 시간과 공간을 초월하여 존재하는 우주적인 하나님의 나라로서의 교회를 향하는 것인 반면에, "성도가 서로 교통하는 것"을 고백할 때는 이 세상 안에 구체적으로 그 모습을 드러내고 있는 지역교회에 강조점이 있다는 사실입니다. 물론 그렇다고 해서 거룩한 보편교회는 지역교회를 배제한다거나 성도가 교통한다는 내용이 우주적인 하나님의 나라를 배제하는 것은 아닙니다. 이 두 대상은 서로 긴밀한 연속성을 지니고 있는 것으로서 우주적인 하나님의 나라로서의 교회를 고백할 때 이 교회가 지니고 있는 완전하고 깨끗한 모습이 지역교회에 주는 규범적 효과를 생각하지 않을 수 없고, 지역교회의 교제를 고백할 때에도 바람직한 지역교회의 모습을 생각한다면 우주적인 보편교회를 바라보지 않을 수 없습니다.

성도들의 공동체인 교회는 유기적 연합체다

그런데 여기서 우리에게 뒤따르는 의문이 한 가지 있는데, 그것은 "성도가 서로 교통하는 것, 곧, 교제하는 것"이 왜 고백의 대상이 되느냐 하는 것입니다. 교제를 하면 하고 말면 마는 것이지 교제하는 것을 왜 고백해야 하느냐? 이런 의문은 사실상 우리 말 사도신경 문구가 그다지 정확하지 못하다는 데서 기인합니다. 사도신경은 사실 영문으로 된 고백문이 아주 정확하게 잘 표현되어 있습니다. 영어에는 성도들의 코뮤니온(Communion)이라고 되어 있는데, 이 표현을 우리 말로 보다 정확히 번역하면 "연합체 또는 연합되어 있는 상태"라는 뜻입니다. 그러니까 보다 정확한 우리말로 표현하자면, "성도들이 연합되어 있는 상태를 믿는다"고 말할 수 있습니다. 성도들이 연합되어 있다는 말은 성도들의 모임인 교회는 많은 원자들을 무질서하게 모아놓은 어떤 집합체같은 모임이 아니라는 뜻입니다. 교회는 또한 모자이크도 아닙니다. 모자이크에서는 모자이크 조각 하나하나가 다 서로 분리되어 있어서 마음대로 뜯었다 붙였다 할 수 있고 다른 곳에 가져다가 붙일 수도 있습니다. 원칙적으로 원자나 모자이크의 조각들은 독립된 개체들입니다. 그러나 성도들의 연합체인 교회는 지체들 하나하나가 긴밀하게 상호관련을 갖고 있는 하나의 유기적인 생명체입니다. 한 지체가 이 생명체로부터 떨어져 나가서 독립해 버리면 살 수 있는 것이 아니라 죽어 버립니다. 아무리 작은 지체라도 한 지체에 문제가 생기면 생명체 전체가 타격을 받습니다. 심지어 한 지체에 가한 작은 타격이 생명체 전체를 죽일 수도 있습니다.

무술을 깊이 단련해서 높은 경지에 도달한 사람들은 인체의 요소요소에 자리잡고 있는 급소를 알게 된다고 합니다. 이 급소는 가볍게 타격을 가하기만 해도 몸 전체가 죽어 버리는데, 이런 급소가 너무나 많기 때문에 함부로 사람과 어울려 싸우지 못한다고 합니다. 그렇습니다. 유기적인 생명체에서 작은 지체가 생명체로부터 떨어져 나가서 독립하여 존재할 수 있는 가능성이 없고, 작은 한 지체가 없으면 전체 생명체에 중대한 지장이 올 수 있기 때문에 전체 생명체는 작은 한 지체를 무시할 수 없습니다. 성도들은 바로 이런 생명체 안에 속해 있고, 성도들이 이같은 생명체에 속해 있다는 사실이 세상사람들의 눈으로 보기에는 납득이 잘 가지 않기 때문에 고백의 대상이 되는 것입니다.

고린도교회의 연합문제

결국 이 고백은 교회를 하나의 유기적인 몸으로 비유하고 있는 고린도전서 12장 12-27절에 있는 몸의 비유를 염두에 둔 고백이라고 볼 수 있습니다. 이 본문은 연합체로서의 교회의 이상적인 상태를 묘사하고 있는데, 이 본문은 성령의 은사를 다룰 때 이미 간략히 언급한 일이 있기 때문에 여기서 다시 다루지는 않겠고, 여기서는 방향을 바꾸어서 고린도교회라는 지역교회에서 실제로 있었던 문제를 고찰하는 가운데 이와같은 유기적 연합체 안에서 성도가 어떻게 교제를 나누어야 하는가를 생각해 보겠습니다.

이 문제가 어떤 것인가는 바로 전장인 고린도전서 11장에 잘 서술되어 있습니다. 지난 강의에서 저는 이 세상 안에 있는 지역교회는 성도들의 겉사람 안에 남아 있는 죄의 잔재 때문에 이 죄의 세력과 계속해서 전투를 해야 하는 전투적 교회라고 말씀드린 바 있는데, 고린도교회가 그 좋은 본보기입니다. 이 당시 교회에서는 빈번하게 성찬식을 가졌는데, 성찬식은 오늘날처럼 단지 형식적으로 떡과 포도주만을 떼는 것이 아니라 애찬 곧, 식사를 함께 했습니다. 이것은 성찬을 제정하실 때 저녁만찬을 함께 하셨던 예수님의 방식을 그대로 계승한 것이라고 할 수 있습니다. 당시 모든 초대교회들과 마찬가지로 고린도교회도 신분상으로 보면 두 계층으로 이루어져 있었습니다. 한 계층은 자유인들이요, 다른 한 계층은 노예들입니다. 그런데 대부분의 노예들이 가난했기 때문에 애찬을 나눌 때 변변히 음식을 싸오지 못했습니다. 따라서 자유인 계층에 속한 성도들이 음식을 넉넉히 장만해 와서 노예들이 함께 식사할 수 있도록 배려했습니다. 이렇게 해서 애찬시간은 자연스럽게 노예들을 구제하는 아름다운 자리가 되었습니다. 자유인들과 노예들이 서로를 형제와 자매로 대하면서 한자리에 어울려서 식사를 함께 하며 사랑을 나누는 이같은 장면은 극히 엄격한 당시의 신분사회구조에서는 상상하기 어려운 변화였습니다.

그런데 성도들의 마음이 타락하기 시작하니까 슬그머니 생각이 달라지기 시작합니다. 성도들의 마음이 인색해지고 사회에서 누리던 습관으로 돌아가기 시작한 것입니다. 성도들의 마음이 어느 정도 인색해지기 시작했느냐 하면, 자유인들이 가만히 보니까 자기들만 열심히 음식을 준비해 와서 나누어 주어야 하는데, 나누어 주기가 귀찮기도 하고 아까운 생각이 들기 시작한 것입니다. 게다가 자기들과는 신분이 다르고 천한 계층인 노예신분의 사람들과 어울리는 것도 자꾸 꺼림찍해지기 시작한 것입니다. 그래서 어느 때부턴가 자유인에 속한 계층들이 애찬시간이 되기 전에 아예 자기들끼리 먼저 싸온 음식을 다 먹어 버리는 일이 나타나기 시작했습니다. 그러니까 정작 애찬시간이 되면 음식이 모자라서 굶어야 하는 사람들까지도 나타났습니다. 따라서 교회의 분위기가 인색하고 차갑고 계층간의 갈등이 재연되는 상태로 변하기 시작했습니다. 이런 소식을 전해듣고 사도 바울이 이렇게 책망합니다. "그런즉 너희가 함께 모여서 주의 만찬을 먹을 수 없으니." - 이 말은 함께 모여서 만찬을 먹을 수 없는 지경에까지 이르렀다는 뜻입니다. 왜 그렇습니까? "이는 먹을 때에 각각 자기의 만찬을 먼저 갖다 먹으므로 어떤 이는 시장하고 어떤 이는 취함이라 너희가 먹고마실 집이 없느냐 너희가 하나님의 교회를 업신여기고 빈궁한 자들을 부끄럽게 하느냐 내가 너희에게 무슨 말을 하랴 너희를 칭찬하랴 이것으로 칭찬하지 않노라." 고린도교회가 어떤 교회입니까? 사도 바울이라는 위대한 사도가 개척한 교회입니다. 교회 역사상 어떤 교회가 사도 바울과 같은 위대한 사도의 지도를 받은 교회가 있겠습니까? 그런데 그런 교회가 잠깐 사이에 낯이 뜨거워질만큼 인색해지고 치사해지고 계층간의 갈등으로 점철된 교회로 타락해 버린 것입니다. 교회를 일구기는 힘들고 어려워도 타락시키는 것은 시간문제입니다.

결국 고린도교회 성도들의 교제에 있어서의 문제는 자유자는 자유자

끼리, 노예는 노예끼리 어울리고, 또 다른 차원에서는 바울을 좋아하는 사람들은 자기들끼리, 아볼로를 좋아하는 사람들도 자기들끼리, 게바를 좋아하는 사람들은 또 자기들끼리, 그리고 아예 그리스도만을 좋아하기로 한 사람들은 또 자기들끼리 어울리기 시작한 것입니다. 그래서 교회 안에 수많은 파들이 생기게 되었습니다. 고린도교회 성도들은 교회 전체가 하나의 유기적인 생명체라는 사실을 잊어버리고 서로 없어서는 안 될 지체들을 향하여 욕하고 헐뜯는 추악한 모습을 연출한 것입니다.

끼리끼리 어울리는 것은 인간 안에 자연적으로 있는 선천적인 속성으로서 매우 강력하기 때문에 인간은 가만히 내버려 두면 다 끼리끼리 어울리게 되어 있습니다. 물론 이렇게 끼리끼리 어울리는 것이 그 자체가 나쁜 것이 아닙니다. 이 사회 안에는 끼리끼리 어울리는 수많은 동호인 모임들이 있고, 이 모임들은 복잡하게 서로 얽히고 설키면서 민주주의 사회의 내부구조를 형성합니다. 그러나 교회는 인간적으로 그리고 자연적으로 서로 어울리는 사람들끼리 어울리는 동호인 모임의 차원을 넘어설 수 있어야 합니다. 여기서 우리는 우리 주님이 주신 말씀을 귀담아 들어야 합니다. "또 너희가 너희 형제에게만 문안하면 남보다 더하는 것이 무엇이냐 이방인들도 이같이 아니하느냐 그러므로 하늘에 계신 너희 아버지의 온전하심과 같이 너희도 온전하라." 끼리끼리 모이는 것만을 능사로 하게 되면 이방인과 다를 게 하나도 없고 성도다운 맛도 없다는 것입니다. 자기와 생각과 취향이 다른 사람들과도 교제할 수 있고, 심지어 원수된 자들과도 교제할 수 있어야 비로소 하늘에 계신 아버지의 온전함을 본받는 행동이 됩니다.

교회 안에서 여러가지 교회 일로 교제를 할 때 서로 견해가 다를 수가 있습니다. 인간은 누구나 생각이 불완전하고 모두 다 어느 정도는 죄악의 영향을 받고 있기 때문에 교회 안에 오히려 견해의 차이가 있는 것이 교회의 건실한 발전에 유익합니다. 따라서 사도 바울은 고린도교회가 분파 때문에 고통을 겪고 있음에도 불구하고 이들 가운데 편당이 있어야 함을 강조하고 있는 것입니다. "첫째는 너희가 교회에 모일 때에 너희 중에 분쟁이 있다 함을 듣고 대강 믿노니 너희 중에 편당이 있어야 너희 중에 옳다 인정함을 받은 자들이 나타나게 되리라"(11:18,19). 다시 말하자면 서로 달리하는 견해들이 있어야 사태가 바르게 파악될 수 있다는 것입니다. 그러나 이렇게 성도들 사이에서 견해를 달리하게 될 경우에 몇가지 점을 유념하면서 교제에 임할 필요가 있습니다.

첫째는, 견해를 달리 하더라도 다른 견해를 표현할 때 신사적인 태도와 어법을 잃지 않아야 합니다. 다른 견해를 표명할 때 억지로라도 정중한 태도를 갖추도록 노력할 필요가 있습니다.

둘째, 자기의 견해가 옳다고 생각하더라도 다수가 자기의 견해에 동의하지 않는 것이 분명해지면 적당한 시점에서 흔쾌히 다수의 견해를 인정하는 것이 좋습니다. 끝까지 자기의 견해를 고집해서 자기 한사람 때문에 전체 분위기가 경직되는 지경에까지 가서는 안됩니다.

셋째, 견해가 달라도 개인에 대한 감정으로 연결시키지 말고 토의가 끝났을 때는 견해가 달랐던 것은 잊어 버리고 성도로서 사랑을 유지하고 서로 존중해야 합니다.

교회의 교제가 끼리끼리 모이는 모임을 넘어서야 한다는 말은 교회 안에서의 참된 교제는 나이와 연령을 초월하여 같이 어울릴 수 있어야 한다는 것을 뜻하기도 합니다. 연배가 비슷한 성도들끼리의 교제가 물론 필요합니다만, 그것은 교회안의 바람직한 교제의 일부일 뿐이지 전부가 아닙니다. 연령이 차이가 나서 세대 차이가 있고 살아온 환경과 관심분야가 다 달라서 공통된 대화의 주제를 마련하기가 어려운 경우에도 그런 상대방과 의도적으로라도 교제하고 대화하고 어울리려고 노력해야 합니다. 오히려 나와 연령층이 다르고 관심의 영역이 다르기 때문에 그 사람과 교제하고 대화를 하면 내가 모르는 새로운 세계를 접하게 되고 나의 사고의 세계가 넓어진다고 생각해야 합니다. 지성인이 지성인들끼리만 어울리면 현실을 모르는 이상주의자가 되기 쉽고, 거치른 삶의 현실 속에 들어가서 부대끼는 사람들이 그런 사람들끼리만 어울리면 꿈이 없고 그저 돈과 처세만을 아는 현실주의자가 되기 쉽습니다. 서로 대화를 해야 합니다. 주일학교도 마찬가지입니다. 주일학교 각 학년에 맞는 전문적인 교육을 한다고 너무 연령을 세분화시키는 것은 항상 좋은 것은 아닙니다. 연령차이가 큰 아이들이 서로 어울릴 줄 아는 방법을 가르쳐 주는 것도 매우 중요합니다. 왜냐하면 신앙교육은 지식교육이 아니고 인격교육이고, 인격이란 같은 또래끼리만 어울려서는 결코 형성되기 어렵기 때문입니다. 아랫사람이나 윗사람과의 관계 안에 자꾸 서봐야 전인적인 인격교육이 이루어지기 마련이며, 특히 신앙생활은 전인적인 삶과 관계를 특징으로 하기 때문에 전인적인 교제안에서 성숙해가기 마련입니다.

결론적으로 우리 성도들은 우리가 유기적인 하나의 영적인 생명체에 소속되어 있음을 고백하면서 우리가 속한 지역교회가 오늘날 이 사회와 세계를 갈등과 전쟁으로 몰아넣고 있는 모든 인위적인 차별과 남녀노소, 빈부의 격차, 생활방식과 사고의 차이를 힘차게 뛰어넘어서 위로는 오직 주님만을 섬기고 사랑하며 옆으로는 성도들을 지체로서 용납하고 사랑하는 아름다운 공동체로 가꾸는 일에 힘을 다해야 할 것입니다.

16
죄를 사하여 주시는 것과

로마서 5:12-21

지난 두 번에 걸쳐서 우리는 성령의 특별한 사역을 통해 거룩하고 보편적인 교회가 형성되며, 이 교회라는 영적인 유기적 생명체 안에서 성도들이 서로 떼어 놓을래야 떼어 놓을 수 없는 긴밀한 교제를 나누게 된다는 것을 알게 되었습니다. 이제 이번 강의와 다음 강의에서는 예수를 구주로 고백하고 성령의 세례를 받은 성도들 개개인에게 찾아오는 성령의 사역의 결과를 살펴 보게 됩니다. 오늘은 죄를 사하여 주시는 것에 대하여 살펴 보고, 다음 시간에는 성도의 부활과 영생을 공부한 뒤에, 그 다음 시간에 그 동안의 강의 내용을 간략히 요약하고 우리가 매주일 예배때마다 사도신경을 고백해야 하는 이유와 의미를 간략히 살펴보는 것으로써 사도신경강의를 마무리하고자 합니다.

인간을 죄인이라고 말할 때는 인간이 겉사람의 차원에서 윤리적으로 죄인이라는 것 이상의 의미가 있다

사도신경이 "죄를 사하여 준다"고 고백하는 이유는 인간이 죄인이기 때문입니다. 그러면 우리가 인간을 죄인이라고 부를 때, 이 말은 구체적으로 무엇을 뜻하는가? 하나님 앞에서 우리의 생각과 말과 행동을 솔직하게 반성해 볼 때 우리는 죄인임을 깨닫고 다음과 같은 사도 바울의 고백이 참되다는 사실을 인정하게 됩니다. "의인은 없나니 하나도 없으며 깨닫는 자도 없고 하나님을 찾는 자도 없고 다 치우쳐 한 가지로 무익하게 되고 선을 행하는 자는 없나니 하나도 없도다"(로마서 3:10-12). 그런데 성경이 우리를 죄인이라고 말할 때는 우리의 겉사람 속에 나타나는 우리의 마음 상태나 행동이나 삶의 모습이 하나님 앞에서 바르지 못하다는 것만을 염두에 두고 하는 말이 아닙니다. 물론 이같은 모습도 우리를 죄인이라고 할 때 이 말이 가지는 중요한 의미 가운데 일부입니다. 그러나 성경이 인간을 죄인이라고 할 때는 이보다 더 깊은 의미가 있습니다. 오늘은 그 깊은 의미가 무엇인가를 생각해 보고자 합니다. 오늘은 특히 교회 역사상 죄문제를 붙들고 가장 크게 괴로워했고 죄로부터 벗어나려고 몸부림을 쳤던 독일의 종교개혁자 마르틴 루터의 경험담으로부터 이야기를 시작하고자 합니다.

다음 항목에 소개된 이야기는 롤랑 베인튼이 저술한 유명한 루터 전기인 「마르틴 루터의 생애」에 있는 내용을 요약정리한 것입니다.

루터의 발견: 죄의 뿌리는 영혼의 깊은 심연에까지 뻗어 있다

루터는 어느날 집에서 에르푸르트 대학으로 돌아가는 도중에 같이 길을 걷던 친구가 벼락에 맞아 죽는 것을 보고 충격을 받고 법률가가 되는 것을 포기하고 수도원에 들어가 수도생활을 시작했습니다. 수도생활을 시작한 루터는 수도사들로부터 성실성을 인정받고 수도사의 서약을 할 수 있었고, 수도사가 된 후 마침내 첫 미사를 집전할 수 있게 되었습니다. 루터는 제단 앞에 서서 미사예전의 처음 부분을 낭송하기 시작했습니다. "우리는 주님께, 곧, 살아 계시며, 참되시고, 영원한 하나님께 바치옵니다." 남달리 영적인 감각이 예민하고 날카로왔던 루터는 이 글귀를 읽는 순간 전율을 느끼면서 두려워서 벌벌 떨었습니다. 왜냐하면 루터는 지금 자신이 완전히 거룩하시고, 흠이 없으시고, 무한히 크신 전능자 하나님과 대화를 하고 있는데, 대화를 하는 자기자신은 더럽고 허물투성이이며 초라하기 이를 데 없는 벌레와 같은 인간이라는 사실을 발견했기 때문입니다. 어떻게 이런 하찮고 범죄 투성이인 인간이 하늘의 거룩한 폐하 앞에 서서 대화를 할 수 있단 말인가? 생각이 여기에 이르자 루터는 공포와 전율에 부들부들 떨 수 밖에 없었습니다. 이때 루터는 자기가 느낀 공포를 공습 또는 시련이라고 표현했습니다.

이후부터 루터는 몇년간 죄로부터 벗어나서 하나님 앞에서 의로운 자로 나타나기 위하여 필사적인 노력을 기울입니다. 루터가 자신의 죄를 없애기 위하여 기울였던 노력은 대체로 세 가지인데, 첫째는 철저한 금욕생활이었고, 둘째는 잉여공로설에 의지하는 것이었고, 셋째는 고해성사에 의지하는 것이었습니다. 이 세 가지 시도들 하나하나에 대해서 많은 이야기를 할 수 있는데, 여기서는 오늘의 강의와 관련되는 세번째 노력인 루터의 고해성사를 조금 깊이 살펴 보겠습니다.

독일 사람들의 성격 그대로 루터는 한번 고해성사에 매달려서 죄를 털어놓기 시작하자 무서울 만큼 철저하게 죄를 고해하기 시작했습니다. 루터는 시간을 가리지 않고 하루에도 생각나는 대로 몇 차례씩 고해를 했습니다. 어떤 때는 내리 여섯 시간 동안이나 고해를 했습니다. 루터는 영혼을 샅샅이 뒤지고 기억을 이 잡듯이 털면서 갖가지 동기들을 저울질했습니다. 한번 고해할 때마다 죄의 목록을 하나도 빠뜨리지 않기 위하여 자신의 일생을 검토했습니다. 이렇게 철저하게 고해하다 보니까 대충 큰 범죄는 분명히 제거되었습니다. 이 당시 루터의 고해를 들어주던 수도원장은 스타우피츠라는 사람이었는데, 루터가 이렇게 철저하게 고해를 하고도 여전히 마음이 꺼림찍해서 찾아와서 죄를 말하는 것을 보고 이렇게 말하기도 했습니다. “여보게, 그리스도께 사죄를 받고 싶거든 그런 시시껄렁한 죄는 가져오지 말고 좀 굵직굵직한 것을 가져오게."

그러나 루터에게 있어서 문제는 죄의 크고 작음이 아니라 그 죄가 모조리 토해졌느냐 하는 것이었습니다. 결국 루터에게 있어서 가장 어려운 문제는 어떻게 하면 자기가 지은 죄들을 빠짐없이 기억해내느냐 하는 것이었습니다. 루터는 체험을 통하여 자신의 기억이 얼마나 영리하게 자아를 감싸고 도는가를 발견합니다. 6시간동안 고해한 뒤에도 검열을 빠져나간 죄가 있었습니다. 기억은 고사하고 아예 생각조차 나지 않는 죄도 있었습니다. 아무런 양심의 가책도 없이 죄를 저지르는 경우도 있었습니다. 여기서 루터는 기억을 통해서 구체적인 죄를 찾아내서 고해하는 고해성사가 인간을 더욱더 깊은 절망으로 몰아넣는다는 사실을 발견하게 됩니다. 왜냐하면 인간의 기억의 한계와 기억의 교묘한 악용으로 언제든지 기억의 검열을 빠져나간 죄가 있었기 때문입니다. 결국 루터는 기억으로 다 잡아낼 수 없는 세계에까지 뿌리를 내리고 있는 인간의 본성 전체가 타락했다는 사실을 깨닫게 됩니다. 따라서 인간의 타락한 본성 전체를 문제삼지 않고 다만 구체적인 죄의 행위만을 문제삼아서는 고해성사는 실패할 수 밖에 없음을 발견하게 되면서 고해성사를 통해서 죄로부터 벗어나려는 시도도 포기하고 맙니다. 결국 루터는 인간을 죄인이라고 할 때는 겉으로 드러난 어떤 몇가지 죄의 행동을 염두에 두고 하는 말이 아니라 기억으로도 파악할 수 없는 깊은 심연에까지 뻗어 있는 인간의 본성 전체가 타락하고 죄의 세력에 사로잡혀 있음을 염두에 두고 하는 말이라는 사실을 발견하게 됩니다.

사도 바울의 삼중적 전가론 1: 아담이 범죄한 순간에 온 인류가 범죄한 것으로 여겨졌다(죄의 전가)

그런데 이와같은 루터의 발견은 이미 사도 바울이 계시를 통하여 깨닫고 서술한 진리에 가까스로 다가간 것에 지나지 않습니다. 사도 바울은 인간의 죄의 깊이와 그 기원을 루터보다 더 철저하게 간파한 인물입니다. 오늘 우리가 읽은 로마서의 본문이 바로 인간을 죄인이라고 했을 때 그 말이 도대체 무엇을 뜻하는 것이며, 그 죄를 사해 준다고 했을 때 또 그것은 무엇을 의미하는 것인가를 잘 보여주는 고전적이고 중요한 본문입니다.

본문 12절은 죄가 어떻게 해서 세상에 들어오게 되었으며, 그 결과 어떤 일이 일어났는가를 말합니다. "이러므로 한 사람으로 말미암아 죄가 세상에 들어오고 죄로 말미암아 사망이 왔나니 이와 같이 모든 사람이 죄를 지었으므로 사망이 모든 사람에게 이르렀느니라." 본문에서 "한 사람으로 말미암아 죄가 세상에 들어왔다"고 했는데, 여기서 한 사람은 아담을 말합니다.

우선 아담과 하나님과의 첫번째 대화를 통하여 무엇이 죄인가가 밝혀집니다. 하나님께서 아담에게 이렇게 말씀하셨습니다. "동산 각종 나무의 실과는 네가 임의로 먹되 선악을 알게 하는 나무의 실과는 먹지말라 네가 먹는 날에는 정녕 죽으리라"(창세기 2:16,17). 여기서 죄의 본질이 드러납니다. 죄는 하나님이 하지 말라고 명령한 일을 행하는 것입니다. 여기서 하나님이 무엇을 하지 말라고 명령하셨는가는 중요한 것이 아닙니다. 하나님은 선악과를 따먹지 말라고 명령하실 수도 있고 아니면 얼굴이 예뻐지는 열매를 따먹지 말라고 명령하셨을 수도 있고, 심지어 생명나무 열매를 따 먹지 말라고 명령하실 수도 있습니다. 무엇을 하지 말라고 명령하시는가는 하나님의 주권에 속한 문제로서 하나님이 자유롭게 정할 수 있는 문제입니다. 무엇을 명령하시든 하나님이 하지 말라고 하신 것을 행하는 것이 죄인데, 이런 죄를 범할 경우에 찾아오는 열매가 무엇입니까? "정녕 죽으리라"는 것입니다. 곧, 로마서 6장 23절이 말하고 있는 것처럼 "죄의 삯은 사망입니다." 따라서 오늘의 본문은

"이러므로 한 사람으로 말미암아 죄가 세상에 들어오고 죄로 말미암아 사망이 왔다"고 말합니다.

여기서 문제는 그 다음 귀절에서 시작됩니다. "이와같이 모든 사람이 죄를 지었으므로 사망이 모든 사람에게 이르렀다." 곧, 아담이 범죄한 것처럼 모든 사람이 죄를 범했습니다. 여기서 사용된 시제는 부정과거 시제인데, 부정과거 시제는 과거의 어느 한 순간에 행한 행동을 가리킵니다. 곧, 모든 사람이 과거의 어느 한 순간에, 본문의 문맥에 따르면 아담이 범죄한 그 한 순간에 아담과 같은 죄를 범했다는 것입니다. 그래서 모든 사람에게 죄의 형벌인 사망이 찾아왔습니다. 여기서 제기되는 의문은 과연 모든 사람이 과거의 어느 한순간에 어떻게 범죄할 수 있는가? 그것은 시간적으로 불가능한 일이 아닌가? 바울은 또 14절에서 "아담의 범죄와 같은 죄를 짓지 아니한 자들 위에도 사망이 왕노릇하였다"고 말합니다. 12절에서는 모든 사람이 죄를 지었으므로 사망이 모든 사람에게 찾아왔다고 말해 놓고 14절에서는 아담과 같은 죄를 짓지 않은 사람이 분명히 있는데, 그들 위에도 사망이 찾아왔다고 말합니다.

우리가 경험적으로 분명하게 확인할 수 있는 것 가운데 하나는 분명히 죄를 범하지 않은 사람인데도 불구하고 사망의 형벌을 받는다는 것입니다. 예를 들어서 신생아가 이 세상에 태어난지 얼마 되지 않아서 죽는 경우가 있습니다. 또 어머니 태중에 있다가 죽게 되는 경우도 있습니다. 이럴 때 우리는 이 아이가 지은 죄 때문에 이 아이가 죽는다고는 결코 말할 수 없습니다. 이 아이는 분명코 스스로 범한 죄가 없는데도 불구하고 죽는 것입니다. 죽음은 죄의 삯이라고 했으니까 이 아이가 죽는 것을 보니 죄인은 죄인임이 분명한데 그러면 이 아이가 범한 죄가 없는데도 어떻게 죄인이 될 수 있느냐? 이 의문에 대한 해답이 바로 14절 하반절에 있는 "아담은 오실 자의 표상이라"는 표현에 있습니다. 이 표현을 이해해야 이 의문이 풀리며 15절에서 21절까지 계속되는 말씀의 뜻을 비로소 이해할 수 있게 됩니다.

"아담은 오실 자의 표상이라"는 말에서 오실 자는 예수 그리스도를 가리킵니다. 표상이라는 말은 상징한다는 말입니다. 곧 아담은 그리스도를 상징한다는 뜻입니다. 그렇다면 아담은 어떤 점에서 그리스도를 상징하는가? 아담의 어떤 점이 그리스도를 닮았는가? 여기서 바울은 예수 그리스도에게 일어난 사건을 중심으로 거꾸로 아담으로 인하여 일어난 사건을 풀어 나가는 방법을 취합니다. 그러면 그리스도에게 어떤 일이 일어났습니까? 예수 그리스도 자신은 아무런 죄도 없으셨습니다. 따라서 사망의 형벌도 받으실 필요가 없으셨습니다. 그런데 죄가 없으신 그리스도에게 인류가 범한 모든 죄악이 옮아가서 덮어 씌워졌습니다. 죄가 덮어 씌워지니 하나님이 그리스도를 죄인으로 여기시고는 죄의 형벌인 사망을 그리스도께 덮어 씌워 버렸습니다. 따라서 예수 그리스도는 십자가 위에서 스스로는 아무 죄가 없으셨음에도 불구하고 죄인으로 여김을 받고 사망의 형벌을 받으셨습니다. 이처럼 우리의 죄와 죄의 형벌인 사망이 아무 죄도 없으신 예수 그리스도에게 덮어 씌워진 사건을 가리켜서 우리의 죄가 그리스도께 전가되었다고 말합니다. 바로 이 점에서 아담은 예수 그리스도를 닮았다는 것입니다. 곧, 아담이 범한 죄와 그 형벌인 사망이 온통 그 후손에게 덮어 씌워져서 모든 후손이 아담과 같은 죄를 범했든 범하지 않았든 (사실상 모든 인간들의 행동을 조금만 면밀하게 들여다 보면 아담과 같은 죄를 범하지 않았다고 자신있게 말할 수 있는 사람이 없지만) 아담이 범죄한 그 순간에, 심지어는 이 세상에 태어나기도 전에 이미 죄인으로 여겨지게 되었고, 죄인으로 여겨지니까 그 형벌인 사망의 권세에 들어가지 않을 수 없게 되었습니다. 곧 아담이 범한 죄와 그 형벌인 사망이 아담의 모든 후손에게 전가된 것입니다.

여기서 우리는 기가 막히다고 밖에는 말할 수 없는 인류의 비참함과 비극의 기원을 보게 됩니다. 인류는 아담이 범죄한 그 순간에 모두 죄인으로 여겨짐을 받았고, 사망의 권세아래 놓이게 되었습니다. 곧 인간은 이미 태어나기 전부터 죄인이요, 사망의 형벌아래 속박되어 있는 것입니다. 이처럼 하나님은 아담과 아담의 온 후손에게 어마어마한 연대책임을 물으셨습니다. 죄는 아담 혼자 범했으니까 아담 혼자만 혼나고 끝나면 된다는 것이 아닙니다. 아담이 범죄했으니까 아담을 포함한 모든 아담의 후손이 죄의 책임과 형벌 안에 들어가야 합니다. 그렇습니다. 우리 눈으로 보기에는 온 인류를 한 통속으로 묶어서 연대책임을 묻는 것이 정의에 어긋나는 일 같아 보입니다. 그러나 최초의 인류의 시대부터 오늘날까지 그리고 미래를 한 눈에 꿰뚫어 보시는 하나님의 눈에는 온 인류는 그저 한 가족에 불과합니다. 우리가 가족을 생각할 때, 가족 식구가 죄를 범하면 그 연대책임을 가족 전체가 지는 것이 전혀 이상하게 보이지 않습니다. 오히려 그것이 자연스럽고 그래야 제대로 된 가족입니다. 이처럼 온 인류가 아담 한사람의 범죄에 대하여 연대책임을 지고 한통속으로 죄인으로 여겨지고 죄의 삯인 사망의 형벌을 받는 인류의 운명이 우리의 눈에는 참으로 경이롭고 기이하게 여겨집니다. 그러나 이것이 바로 성경이 말하는 죄인의 의미요, 인류사회의 비참의 근원입니다. 억울하기 짝이 없을 수도 있지만 온 인류는 한 가족이기 때문에 모든 인류는 날 때부터 아담의 전가된 죄 때문에 죄인이요, 따라서 날 때부터 죽지 않으면 안되는 운명에 속박되어 있는 것입니다.

사도 바울의 삼중적 전가론 2,3: 우리의 죄가 그리스도에게 전가되고, 그리스도의 의로움이 우리에게 전가됨

그러나 하나님은 이처럼 모든 인류에게 죄와 사망의 연대책임을 물으시는 것으로 끝나지 않으셨습니다. 하나님은 이 연대책임으로부터 자유를 얻을 수 있는 길을 이미 준비해 두셨습니다. 아담의 죄가 아담의 온 후손에게 덮어 씌워지기 이전에 이미 하나님은 아담을 포함한 온 인류의 죄를 사랑하는 외아들이신 예수 그리스도께 다시 전가시키기로 작정을 하셨던 것입니다. 그리고 때가 되자 이 세상에 사랑하는 외아들 예수 그리스도를 보내시고 죄가 없는 그분으로 하여금 우리의 죄를 담당하게 하시고, 죄의 삯인 사망의 형벌을 대신 받게 하심으로써 인류를 죄와 사망으로부터 해방시킬 수 있는 터를 마련하신 것입니다.

그런데 이제 인류가 죄와 사망의 권세로부터 해방되기 위해서는 한 차례의 전가가 더 있어야 합니다. 곧, 예수 그리스도께서 십자가 위에서 우리의 죄와 죄의 형벌인 사망을 담당하셨다는 하나님의 구원계획을 믿음으로 받아들이고, 예수 그리스도를 나의 구주로 영접하면 예수 그리스도께서 십자가 위에서 우리의 죄와 죄의 형벌인 사망을 대신 받으시고 이룩하신 완전하고 흠없는 의로움이 우리에게 전가되고, 우리에게 입혀진 이 완전한 그리스도의 의로움을 보시고 하나님이 우리를 의인으로 판단하신 후, 우리를 사망의 형벌에서 건져주시고 하나님의 양자로 삼으시고 영생에 참여하게 하십니다.

이처럼 우리가 하나님 앞에서 의인으로 여겨지기까지 삼중적으로 전가가 있게 됩니다. 첫째로 아담의 죄가 온 인류에게 전가됩니다. 둘째로, 온 인류의 죄가 그리스도에게 전가됩니다. 셋째로, 그리스도께서 이루신 의로움이 믿는 자들에게 전가됩니다. 이와같은 전가론을 배경에 깔면서 바울은 5장 15-21절까지 아담과 그리스도를 대조하는 가운데 죄의 전가와 의의 전가를 말합니다. "한 사람의 범죄를 인하여 사망이 그 한사람으로 말미암아 왕노릇 하였은즉 은혜와 의의 선물을 넘치게 받는 자들이 한 분 예수 그리스도로 말미암아 생명 안에서 왕노릇하리로다 그런즉 한 범죄로 많은 사람이 정죄에 이른 것 같이 의의 한 행동으로 말미암아 많은 사람이 의롭다 하심을 받아 생명에 이르렀느니라 한 사람의 순종치 아니함으로 많은 사람이 죄인이 된 것 같이 한 사람의 순종하심으로 많은 사람이 의인이 되리라."

전가의 복음은 최초의 인류에게 이미 계시되었다

아담을 포함한 인류의 죄악을 독생자이신 예수 그리스도께 전가시키고 구원의 길을 여시겠다는 성부 하나님의 마음은 일찌기 최초의 인류인 아담에게 이미 계시되었습니다. 아담과 하와가 에덴동산에서 쫓겨나기 전에 하나님은 아담과 하와를 위하여 가죽옷을 지어 입히셨다고 창세기 3장 21절이 보도하고 있습니다. 아담과 하와에게 가죽옷을 입히기 위하여 동물을 죽인 것은 에덴동산 안에서 처음으로 거행된 살생사건입니다. 이 살생사건은 아담과 하와가 결코 가벼운 마음으로 넘길 수 있는 사건이 아니었습니다. 이때의 상황이 어떠했겠습니까? 하나님의 명령을 어긴 아담과 하와는 언제 닥칠지 모르는 사망의 형벌을 기다리며 극도의 긴장과 불안 속에서 기다리는 중이었을 것입니다. 한번도 동물을 잔인하게 죽이는 광경을 보지 못한 아담과 하와가 하나님이 동물을 참혹하게 죽이시고 그 자리에서 가죽을 벗기시는 장면을 보게 되었을 때 받은 충격이 어떠했겠습니까? 아마도 아담과 하와는 공포로 새파랗게 질렸을 것이며, 자기들이 범한 죄 때문에 아무 죄도 없는 동물이 죽어 나가는 광경을 착잡한 마음으로 바라 보았을 것이며, 아담과 하와에게 칼을 대지 않으시고 동물에게 칼을 대시는 하나님의 행동이 하나님의 어떤 마음을 전하고자 한다는 것을 직감적으로 느꼈을 것입니다. 아마도 아담과 하와는 희미하게나마 자신들이 범한 죄악과 그 형벌인 사망을 하나님이 자신들이 아닌 다른 어떤 존재에게 대신 내리실 것이며, 한가닥 용서받을 수 있는 길이 여기 있을 지도 모른다는 감을 잡았을 것입니다. 그래서 아담과 하와는 에덴동산을 쫓겨난 이후 곧 동물을 죽여서 제사드리는 일을 시작했고, 이 관습이 죄를 범한 인간이 하나님께 용서를 비는 하나의 종교적 전통으로 확립될 수 있었던 것입니다.

결국 아담과 하와에게 가죽옷을 지어 입히실 때 하나님은 인류의 죄악을 용서하고 구원의 길을 열어 주시고자 하는 인류에 대한 사랑을 그 마음 깊은 곳에 품고 계셨으며, 동시에 인류가 받아야 할 어마어마한 죄악을 독생자 예수 그리스도께 전가시키려는 비장하고 고통스러운 결의를 거듭하여 다짐해야 하는 고통을 역시 그 마음 깊은 곳에 품고 계셨던 것입니다.

하나님이 아담과 하와에게 가죽옷을 지어 입히셨다는 사실은 이미 최초의 인류때부터 하나님께서 구원의 기회를 제공하셨음을 뜻합니다. 이처럼 최초의 인류 때부터 구원의 기회가 제공되었다는 말은 그 이후 어느 시대도 구원의 기회를 제공받지 못했음을 불평할 수 없으며, 구원의 기회를 포착하지 못한 책임은 인간에게 있음을 암시하는 것입니다.

이제 마지막으로 덧붙여야 할 것은 예수 그리스도를 구주로 영접함으로써 아담으로부터 전가된 죄와 스스로 범한 죄를 단번에 용서받고 사망의 형벌로부터 자유케 된 성도들은 계속해서 죄를 범하게 되는데, 이때 이 죄들을 하나님 앞에서 고백하면 또한 용서받는 은혜가 계속해서 주어집니다. 이렇게 스스로 범하는 죄에 대한 회개는 날마다 계속해서 반복되어야 하는 것으로서, 기독교인의 삶의 출발점이 됩니다.

17
부활과 영생

요한계시록 21:1-7

얼마전 인도서부를 강타한 지진으로 공식집계로 만오천명의 시신이 발견되었고, 비공식집계로는 10만명이 사망하는 재해가 있었습니다. 예고없이 찾아온 지진은 온갖 삶에 대한 계획과 기대를 가슴에 품고 일상의 삶을 영위하던 사람들을 비웃기라도 하듯이 냉정하게 죽음으로 몰고 갔습니다. 이와같은 사건들을 만날 때마다 우리는 평소에는 강건너 불구경하듯이 멀게만 느껴졌던 죽음의 현실이 우리에게서 그다지 멀지 않다는 생각을 하게 됩니다. 어느날 갑자기 죽음이 우리에게 찾아오면, 우리가 그토록 소중하게 여기고 관계하던 모든 것들이 일순간에 우리로부터 단절되고 만다는 생각은 우리의 마음을 허무하게 하고 슬프게 합니다. 그렇습니다. 인간이 죽어야 한다는 사실은 옛날이나 지금이나 인간을 한없이 무력하게 하고 슬프게 하고 통곡하게 하는 무서운 현실입니다.

성경은 인생의 짧고 덧없음을 노래한다

죽음을 앞에 놓고 우리가 살아온 인생을 생각하면 참으로 무상하고 덧없기가 이를 데 없습니다. 이제 무언가 인생을 알 것 같고 이제부터 새롭게 인생을 시작할 수 있도록 기회가 주어진다면 정말로 보람있게 살 수 있을 것 같다고 느끼는 순간, 이미 우리는 인생의 레이스의 반환점을 돌아버린 이후요, 다시 레이스를 시작하기에는 너무나 늦어버린 때입니다. 살아온 인생의 무상함은 이미 많은 성경의 시인들이 탄식한 바 있습니다. 야고보 사도는 우리의 인생을 "잠깐 보이다가 없어지는 안개"로 비유했고(야고보서 14:4), 욥은 인간의 생명이 "한 차례 내쉬는 호흡에 지나지 않으며, 베를 짤 때 베틀이 돌아가는 북소리보다 하루하루 지나가는 속도가 더 빠르다"고 한탄한 바 있습니다(욥기 7:6-7). 또한 모세는 우리의 인생이 잠깐 자는 것 같고, 아침에 돋아났다가 저녁에는 베임을 당하여 말라버린 풀과 같으며, 우리의 년수가 칠십이요 강건하면 팔십인데, 그 년수도 온통 수고와 슬픔으로 얼룩져 있을 뿐만 아니라 그 날들이 어느 정도로 빨리 가느냐 하면 마치 날아가는 것처럼 신속하게 지나간다고 탄식합니다(시편 90:5,9-12).

그러나 죽음은 성도들에게 유익하다

그런데 이처럼 인간은 언젠가, 우리들이 예상하지 못했던 순간에 갑자기 죽을 수 있으며, 죽음 앞에 섰을 때 우리의 인생이 참으로 무상하고 헛되다는 생각은 우리를 슬프게만 하고 우리의 마음을 아프게만 하는 것은 아닙니다. 오히려 이같은 생각들은 성도들에게 특별한 유익을 줍니다. 왜냐하면 모든 인간은 죽음이라는 현실 앞에 설 때 비로소 철이 들기 때문입니다. 죽음 앞에 설 때 비로소 우리는 우리가 얼마나 부질없는 생각과 말과 행동을 많이 했는가를 깨닫게 되고 우리의 얼굴을 차마 들지 못할 만큼 수치를 느끼게 되는데, 바로 이 순간이 우리가 철이 드는 순간입니다. 우리가 죽음을 생각할 때 우리의 육체적인 욕심을 억제할 수 있게 되고, 속된 생각을 저지할 수 있게 되며, 이런 과정에서 우리의 영적인 성장이 촉진됩니다. 우리에게 주어진 삶의 기간이 얼마나 짧은가를 생각할 때, 그것이 짧아서 무의미한 것이 아니라 오히려 짧기 때문에 소중하지 않을 수 없으며, 그 짧은 시간조차도 한번 지나가면 다시 돌아오지 않기 때문에 이 시간들을 값있고 알차게 살아내지 않으면 안된다는 생각이 우리의 마음을 사로잡는 것입니다. 들판에 피어 있는 아름다운 꽃을 볼 때 이 꽃을 소중하게 여기고 애틋하게 아끼지 않을 수 없는 이유는 이 꽃이 곧 시들고 말기 때문입니다. 이 꽃이 일년 열두달을 항상 피어 있다면 아마도 우리는 꽃을 그다지 귀중하게 여기지는 않을 것입니다. 우리의 인생도 마찬가지입니다. 잠깐 반짝하다가는 곧 지고마는 우리의 인생은 사실상 서로 사랑하고 아껴주고 품어주기에도 너무 바쁘고 짧은데, 하물며 어떻게 이 짧고 소중한 인생을 미움이라든지 질투라든지 기타 온갖 욕심들로 채울 수 있겠습니까?

사도신경은 부활과 영생의 고백을 통해 희망찬 미래의 전망을 열어주면서 종결된다

그러나 우리가 아무리 이 세상에서 우리에게 주어진 이 짧은 시간들을 소중하고 알차게 영위한다고 하더라도 죽음이 우리에게 안겨주는 공포와 쓸쓸함과 안타까움으로부터 벗어날 수 있는 것은 아닙니다. 그런데 이제 사도신경의 마지막 고백은 이 세상에서 우리가 영위하는 삶이 결코 헛되지 않고, 죽음이 결코 성도들에게 항상 두려움과 안타까움과 쓸쓸한 시간만을 의미하는 것은 아니라는 강한 소망을 제시하면서 마무리됩니다. 왜 그렇습니까? 사도신경은 우리의 몸이 다시 사는 것을 고백하는 동시에 계속해서 영원히 사는 것을 고백하고 있기 때문입니다. 곧, 사도신경은 신자의 부활과 영생을 고백함으로써 성도들에게 밝고 희망찬 미래의 전망을 넓게 열어 주면서 마무리되고 있는 것입니다.

부활: 성도들의 영혼만이 아니라 몸도 부활한다

먼저 사도신경은 우리의 몸이 다시 사는 것을 고백합니다. 이 고백 바로 앞에 죄를 사하여 주신다는 고백이 나오는데, 우리의 죄가 사유함을 받는다는 말은 곧 우리의 영혼이 다시 살아난다는 것과 같은 말입니다. 그런데 사도신경은 이처럼 우리의 영혼이 다시 살아난다는 고백에서 끝나지 않고 우리의 몸도 다시 산다고 고백함으로써 예수 그리스도의 속죄사역을 통하여 이루어진 구원은 전인적인 구원임을 분명히 합니다. 이 당시 유대사회나 이방사회를 막론하고 육체의 세계는 더럽고 악하며 영혼의 세계는 깨끗하다는 이원론이 지배하고 있었는데, 사도신경은 영혼과 몸의 전인적인 부활을 고백함으로써 이같은 이원론을 배격합니다.

성도들의 몸이 다시 사는 것은 사도신경의 중반부에서 이미 고백된 바 있는 예수 그리스도의 부활에서 이미 예고된 약속입니다. 고린도전서 15장 20절에서 사도 바울은 이렇게 선포합니다. "그러나 이제 그리스도께서 죽은 자 가운데서 다시 살아 잠자는 자들의 첫 열매가 되셨도다." 그리스도의 육체부활이 잠자는 자들 곧, 죽은 자들의 첫 열매가 되셨다는 말은, 첫 열매가 곧 이어서 많은 열매들이 열릴 것을 예고하듯이, 주님의 몸이 부활하신 사건은 주님을 구주로 영접한 모든 성도들의 몸이 장차 부활할 것을 예고한다는 뜻입니다. 또한 성도들의 부활은 성도들 안에 내주해 계시는 성령께서 예수 그리스도의 구속사역을 성도들에게 적용하는 과정에서 일어나는 사역이라고 할 수 있습니다. 예컨대 로마서 8장 11절이 이 사실을 뒷받침합니다. "예수를 죽은 자 가운데서 살리신 이의 영이 너희 안에 거하시면 그리스도 예수를 죽은 자 가운데서 살리신 이가 너희 안에 거하시는 그의 영으로 말미암아 너희 죽을 몸도 살리시리라." 성자이신 예수님을 살리시는 사역을 주도하신 분이 성부 하나님이시라면, 성도들의 죽은 몸을 살리시는 사역을 주도하시는 분은 성도들 안에 내주하시는 성령이십니다.

부활은 성도들만이 아니라 불신자들에게도 일어난다

그런데 여기서 우리는 예수님이 재림하시는 날에 성도들만 부활하는 것이 아니라 모든 인간들이 다 다시 살아난다고 성경이 가르치고 있다는 점을 기억해야 하겠습니다. 몇군데의 중요한 본문들이 마지막 날에 신자와 불신자가 모두 부활할 것을 뚜렷하게 증거하고 있습니다. 사도행전 24장 15절에서 사도 바울은 "저희의 기다리는바 하나님을 향한 소망을 나도 가졌으니 곧 의인과 악인의 부활이 있으리라 함이라"고 말하고 있고, 예수님도 요한복음 5장 28-29절에서, "이를 기이히 여기지 말라 무덤 속에 있는 자가 다 그의 음성을 들을 때가 오나니 선한 일을 행한 자는 생명의 부활로, 악한 일을 행한 자는 심판의 부활로 나오리라" 고 말씀하셨습니다. 또한 다니엘은 다니엘 12장 2절에서 "땅의 티끌 가운데서 자는 자 중에 많이 깨어 영생을 얻는 자도 있겠고 수욕을 받아서 무궁히 부끄러움을 입을 자도 있을 것이라"고 말함으로써 부활은 모든 인간들에게 일어나며, 한편은 생명의 부활의 축복을 받게 될 것이요, 다른 한편은 심판의 부활에 직면하게 될 것을 분명하게 말하고 있습니다. 이처럼 성경이 우리에게 가르치는 바에 의하면 모든 인간이 다시 살아나서 하나님 앞에 서서 심판받게 되는 이 때를 피할 길이 없습니다. 그러므로 히브리서 기자는 이렇게 말합니다. "한번 죽는 것은 사람에게 정한 것이요 그 후에는 심판이 있으리니." 성경의 가르침에 의하면 인간의 존재 자체가 아예 멸절되어 없어져 버리는 일은 없습니다.

심판대앞에 선 부활한 모든 인간들: 성도들을 구원하는 그리스도의 의로움

부활한 모든 인간들은 하나님의 심판대 앞에 서야 합니다. 하나님의 심판대 앞에 선 인간들은 이 세상에서 살아온 모든 여정을 남김없이 하나님 앞에 내어놓고 과연 의로운 삶을 살았는가에 대하여 판결을 받게 됩니다. 이 심판에서 모든 인간들은 자신들이 살아온 인생여정의 스크린이 돌아가면서 하나님 앞에 드러나게 될 때, 아마도 부끄럽기 이를 데 없는 자신의 모습에 머리를 들지 못하고 누가 가라고 말하지 않아도 스스로, 자기 발로 걸어서 무궁한 부끄러움을 받아야 하는 길로 들어서지 않을 수 없을 것입니다. 그러나 이 위기의 순간에 성도들은 예수 그리스도의 완전하고 흠없는 의의 옷, 그러나 예수 그리스도의 고귀한 피가 배어 있는 그 옷에 감싸여서 가볍게 생명의 나라로 들림받아 올려지는 황홀한 체험을 하게 될 것입니다.

영생에 참여하는 성도들

이제 생명의 나라로 들림받아 올리워진 성도들은 하나님이 예비하신 나라에서 영원한 생명에 참여하게 됩니다. 성도들이 영원한 생명에 참여하게 된다는 약속이 가장 풍부하게 나타나 있는 성경은 요한복음입니다. 요한복음은 바로 영생의 복음이라고까지 말할 수 있습니다. "하나님이 세상을 이처럼 사랑하사 독생자를 주셨으니 이는 저를 믿는 자마다 멸망치 않고 영생을 얻게 하려 하심이니라"(3:16). "진실로 진실로 너희에게 이르노니 믿는 자는 영생을 가졌나니 내가 곧 생명의 떡이로다… 나는 하늘로서 내려온 산 떡이니 사람이 이 떡을 먹으면 영생하리라"(6:47,48,51). "나는 부활이요 생명이니 나를 믿는 자는 죽어도 살겠고 무릇 살아서 나를 믿는 자는 영원히 죽지 아니하리니"(11:25,26). 부활한 성도들은 고린도전서 15장 53절이 보도하고 있는 것처럼 "썩지 아니하는 몸을 입고 영생에 참여하게 되는 바, 이 썩지 않는 몸은 빌립보서 3장 21절이 증거하는 "영광스러운 그리스도의 몸과 같은 몸으로서" 시간과 공간의 제약을 받지 않는 몸이요, 영원토록 죽음의 통제를 받지 않는 신령한 새 몸입니다.

영생에 관한 오해들: 영생의 삶은 이 세상의 삶의 동질적 연장이 아니라 질적으로 새로운 삶이다

그런데 인간이 영원히 산다는 것은 인간의 이성으로 쉽게 납득할 수 있는 교리가 아니기 때문에 성경이 말하고 있는 영생의 의미를 인간의 이성에 맞추어서 해석해 보려는 이론들이 등장했습니다. 그 가운데 대표적인 이론들로는 세가지가 있습니다.

첫째는, 생물학적 불멸설이라는 이론이 있습니다. 이 이론에 따르면 한 인간의 생명은 생물학적 번식을 통해서 연장된다고 주장합니다. 예컨대 결혼을 해서 아들이나 딸이 태어나면 이 아들이나 딸은 부모의 생명을 부여받은 자들이기 때문에 아들이나 딸은 곧 부모의 생명의 연장이라는 것입니다. 또 이 아들과 딸로부터 손자가 태어나고 증손자가 태어나고 그렇게 해서 비록 부모가 죽어도 부모의 생명은 자손을 통해서 영원토록 연장된다고 합니다.

둘째로, 사회학적 불멸설이 있습니다. 이 이론에 의하면, 인간은 사회적 동물로서 살았을 때에 대인 및 대사회적 관계를 맺는 가운데 알게 되고 사귐을 가졌던 친지나 동료들이나 제자들의 기억에 남게 되는데 이렇게 해서 어떤 사람이 죽더라도 다른 사람들의 기억에 남아 있게 되면 그것이 바로 그 사람이 영생하는 것이나 다름없다는 것입니다.

셋째로, 형이상학적 불멸설이 있습니다. 이 이론에 따르면 인간이 향락이나 행복을 억제하고, 국가, 민족, 주의, 이념, 사상 등 보다 큰 대의를 위하여 살다가 죽는다면 그 대의 안에 그의 정신이 계승되고 있으므로 그는 이 큰 대의 안에서 불멸하는 것이라고 합니다.

그러나 이같은 이론들이 주장하는 생명의 연장은 개인 사이의 독립성을 무시하고 개인들의 생명이 한 인간 안에 뒤섞여 버리는 것으로 되어 있습니다. 그리하여 나중에는 어떤 사람 안에 아버지도 들어 있고 할아버지도 들어 있고 증조 할아버지도 들어 있어서 도대체 누가 주체인지 알 수 없게 되고 무슨 괴물 비슷한 존재로 변하고 맙니다. 이 이론들은 개인의 독립된 인격과 몸이 다시 살아나서 다른 개인과 뒤섞이지 않고 독립된 개체로서 영원한 생명을 누린다는 성경의 가르침과 근본적으로 어긋납니다.

한편 일부 과학자들 가운데는 의학의 발달을 통하여 생명의 연장이 가능하다는 희망을 표현하는 경우도 있습니다. 말하자면 의학의 연구성과가 축적되면 인간이 노화되는 원인을 알 수 있게 될 것이고, 처방도 발견할 수 있게 될 것이며, 궁극적으로는 영원히 살 수 있는 날도 오지 않겠느냐는 것입니다. 그러나 아무리 이렇게 해서 인간의 생명이 영원히 연장될 수 있다 하더라도 인간이 불의의 사고를 만나서 죽는 사태를 100% 방지할 수 있겠느냐 하는 문제가 제기됩니다. 인간이 사는 기간이 길어지는 만큼 사고를 만날 확률도 커지고 문명이 발달하면 발달할수록 치명적인 사고의 위험도 높아지는데, 과연 영원히 허락된 기간 중에 적어도 한번은 찾아올 수 밖에 없는 사고로 인한 죽음으로부터 인간을 보호하는 것이 과연 가능하냐라는 의문이 제기됩니다.

그런데 이와같은 영생에 대한 잘못된 이론들의 특징 가운데 하나는 한결같이 영생의 내용을 이 세상에서 누리는 삶의 동질적인 연장으로 보고 있다는 점입니다. 사실상 우리들도 영생을 생각할 때 부지불식간에 같은 오해를 하게 됩니다. 이 때문에 우리가 장차 누리게 될 영생에 대한 염려가 생겨납니다. 이같은 오해가 아주 잘 나타난 본문이 마가복음 12장 18-27절에 기록된 부활에 관한 사두개인들의 질문입니다. 부활을 믿지 않는 어느 사두개인이 예수님께 나와서 다음과 같은 예를 들면서 답변을 요구합니다. 어떤 여자가 칠형제가 있는 가정의 맏형의 아내로 들어갔습니다. 그런데 이 맏형이 죽었고, 대를 잇기 위하여 둘째 형의 아내가 되었습니다. 그런데 둘째도 죽고 차례차례로 7형제가 다 죽어서 마침내 이 여자는 차례차례로 7형제의 아내가 되었습니다. 마침내 이 여자도 죽었다가 부활한 후에 다시 7형제를 만났다면 이 여자는 누구의 아내가 되어야 하는가? 이 문제가 사두개인에게는 심각한 고민거리였습니다. 결국 이 사두개인은 부활 이후의 삶을 이 세상에서의 삶과 똑같이 결혼생활이 계속되는 삶으로, 곧 이 세상에서의 삶과 질적으로 같은 삶으로 보았습니다.

그러나 성경이 가르치는 내세의 삶은 이 세상에서의 삶과 질적으로 동일한 삶이 아닙니다. 우리가 죄사함을 받고 거듭난 속사람은 새사람이요, 우리가 장차 입게 될 몸은 새 몸이요, 장차 우리가 가게 될 나라는 새 하늘과 새 땅이요, 새 예루살렘입니다. 새롭다는 점이 특히 강조되고 있습니다. 새로움을 특징으로 하는 삶이 바로 우리에게 약속된 영생의 삶입니다. 이 세상에서 우리가 경험하는 모든 것들은 처음에는 새롭다가도 잠깐 지난 후에는 한결같이 시큰둥해집니다. 아무리 좋은 새 집에 들어가도 며칠 지나고 나면 곧 시큰둥해지기 마련입니다. 그러나 새로움을 특징으로 하는 새 하늘과 새 땅에서의 삶은 항상 새롭게 다가오는 신선한 감동으로 충만한 삶이 될 것입니다. 평범한 사물을 보고도 그것을 보고 새롭게 느끼면서 그 안에 담긴 새로운 아름다움을 보고 감격하는 것이 예술가의 삶이라면, 하늘나라에서의 우리의 삶은 이런 예술가의 삶이 아닌가 생각됩니다. 날마다 하나님을 찬양하되 날마다 그 하나님은 새로운 분으로 우리에게 다가오고 새로운 분으로 우리에게 다가오는 그 하나님을 찬양하는 우리의 마음은 언제나 새로운 감동과 감격으로 충만하게 될 것입니다. 여러분 가운데 수십년 이상 하나님을 믿어 오면서 하나님을 향하여 권태를 느껴 보신 분이 있습니까? 이상하게도 우리가 믿는 하나님은 한번도 우리에게 권태로운 분으로 다가 오지 않습니다. 더우기 하나님을 더 가까이 그리고 완전한 모습으로 보게 될 새 하늘과 새 땅에서는 결코 하나님은 우리에게 권태로운 분으로 다가 오지 않을 것입니다. 우리에게 좋은 것으로 주시는 하나님이 마련하신 이 영생의 세계는 로마서 8장 18절이 말하는 것처럼 이 세상에서의 고난으로 점철된 삶과는 비교조차 될 수 없는 영광스러운 세계로서, 결코 우리를 실망시키지 않을 것이며, 우리가 그 세계에 들어갔을 때 비로소 그 세계가 얼마나 거룩하고 아름답고 풍성하며 무한한 새로움을 지닌 세계인가를 알게 될 것입니다.

영생의 삶은 삼위 하나님이 영원토록 함께 하는 삶이다

이처럼 영생의 세계는 새로움을 특징으로 하는 세계일 뿐만 아니라 이 세계는 삼위 하나님이 우리와 영원토록 함께 하시는 세계라는 점을 중요한 특징으로 합니다. 생명의 근원이신 하나님이 함께 하시는 삶이 바로 영생의 핵심내용입니다. 그러므로 요한계시록 21장 3절에 보면 영생의 세계에서는 "하나님이 성도들과 함께 거하신다"고 말하고 있습니다. "함께 거하는 것"이 왜 그토록 축복스러운 일입니까? 이 세상에서의 인간관계를 한번 생각해 보면 쉽게 답이 나옵니다. 자, 여기 서로 마음으로 아끼고 사랑하는 사람들이 있습니다. 이 사람들은 무엇을 가장 행복한 시간으로 생각합니까? 그저 서로 같이 있는 시간을 가장 행복한 시간으로 생각합니다. 같이 만나면 할 말도 많고 밤새도록 이야기해도 모자랄 것 같은데 실제로 만나면 정작 할 말이 별로 없을 때도 있습니다. 그래도 같이 붙어 있으면 행복합니다. 이와 비슷하게 우리를 위하여 창세전부터 구속의 계획을 세우시고 우리를 마음에 두신 성부 하나님, 우리를 위하여 자기 몸을 십자가 위에서 대속제물로 바치셨던 성자 하나님, 그리고 우리의 심령 깊은 곳에 내주하시면서 이 세상을 살아가는 동안 우리의 길을 인도하시고 우리를 위하여 탄식하며 기도하셨던 성령 하나님을 눈 앞에 보면서, 영원토록 솟아나는 생명의 근원이신 삼위 하나님과 함께 있으니 얼마나 행복합니까? 이런 복된 삶이 우리를 기다리고 있습니다.

그렇습니다. 하나님이 마련하신 새 몸을 입고 다시 살아나서 새롭게 마련된 새 하늘과 새 땅에서 늘 새로운 감동과 감격이 있는 생활에 참여하며, 우리를 사랑하시는 삼위 하나님과 영원토록 함께 하는 축복을 누리게 된다는 소망을 가질 때, 우리 성도들은 짧고 안개와 같이 빨리 지나가며, 수고와 슬픔과 때로는 한으로 얼룩지기도 한 인생을 꿈같이 살다가 죽음으로 그 짧은 인생을 마무리해야 하는 인류 최대의 비극의 순간을 맞이해서도 슬픔과 허무함과 안타까움에 사로잡히지 않고 힘있게 하나님을 찬양하며 소망을 잃지 않는 충분한 이유를 발견하게 되는 것입니다.

18 강론

믿음을 고백하라

로마서 10:9-11

지난 주일에 우리는 부활과 영생을 공부함으로써 사실상의 사도신경 내용에 대한 강의를 마무리지은 바 있습니다. 오늘은 그동안 공부했던 내용을 총괄적으로 요약정리한 후에 우리가 매주일 예배 때마다 우리의 입을 열어서 사도신경을 고백해야 하는 이유를 간단히 말씀드림으로써 사도신경 강의를 끝맺으려고 합니다.

총정리

사도신경은 약 오백년간에 걸쳐서 수많은 교회회의와 신학자들과 성직자들의 기도와 연구와 토의를 거쳐서, 성령의 신비로운 감동으로 형성된 고백문으로서 주후 500년경에 오늘날과 같은 형식을 갖추게 되었습니다.

사도신경은 이 고백문에 등장하는 모든 내용을 "믿는다"고 고백합니다. "믿는다"는 말은 세 가지 뜻을 가지고 있습니다. (1) 믿는다는 말은 이성으로 안다는 차원을 넘어서서 지, 정, 의 곧, 몸과 마음과 힘을 다 드려서 신뢰하고 사랑한다는 것을 의미합니다. (2) 믿는다는 말은 또한 믿는 대상이 비인격적이고 객관적인 사물이 아닌 대화와 감정표현이 가능한 인격적 존재임을 시사합니다. (3) 또한 믿는다는 말은 믿어야 할 내용이 인간의 좁은 인식능력으로는 도저히 담을 수 없는 신비롭고 경이로운 모습을 가지고 있음을 시사하는 것이기도 합니다.

사도신경에서 고백하는 대상은 성부와 성자와 성령으로 구성되는 삼위일체 하나님입니다. 먼저 하나님은 엘로힘이라는 명칭이 보여 주듯이 우리의 경배를 받으실 분이시며, 또한 여호와라는 명칭이 보여 주듯이 인간의 머리속에서 만들어낸 어떤 허상이 아니라 스스로 존재하시고 따라서 인간의 생각에 영향을 받지 않는 자유자이십니다. 이처럼 우리의 경배를 받으실만한 자유자이신 하나님은 삼위일체로 계신다고 사도신경은 고백합니다. 성부와 성자와 성령은 각각 뚜렷이 구분되며 도저히 섞일 수 없는 독립된 인격체이십니다. 그러나 성부와 성자와 성령은 세 인격체가 모두 하나님으로서 갖추어야 할 특성들을 동등하게 갖추고 계시기 때문에 한 하나님으로 불리워집니다. 여기서 하나님은 한분이시라는 것을 너무 강조한 나머지 성부와 성자와 성령 가운데 어느 한분이라도 독립된 인격체임을 부인하거나, 성부와 성자와 성령이 독립된 인격체들이니까 세 인격체를 한 분 하나님으로 부를 수 없다고 말하게 되면 이단이 됩니다. 세 인격체이면서도 하나님이라는 본질에 있어서는 동등해서 한분 하나님이라고 말해야 바른 하나님관을 갖게 되는 것이며, 어떻게 세 인격체이면서도 한분 하나님인가를 이해하는데 뒤따르는 논리적인 난관은 믿음으로 받아 들여야 합니다.

먼저 성부 하나님에 관한 고백을 살펴 보겠습니다. 성부 하나님은 성자와 성령이 같이 참여하시는 가운데 창조사역과 창조하신 세계를 섭리하는 사역을 주도하십니다. 성부 하나님은 오직 말씀만을 수단으로 하여 무로부터 세계를 만드셨습니다. 세계를 만드신 성부 하나님은 세계와는 질적으로 구분되는 초월자이십니다. 성부 하나님은 세계를 만드신 후 세계 안에 내재하시면서 만드신 세계를 관리하고 다스리십니다. 하나님이 세계를 초월해 계신다는 점만 강조하고 내재하신다는 사실을 무시하는 이신론이나, 거꾸로 하나님의 세계내재만을 강조하고 초월을 부인하는 범신론은 모두 인간과 세계를 우상화하는 오류를 범하는 것입니다. 그런데 천지를 말씀 한마디로 창조하신 창조주 하나님을 우리가 친근하게 "우리의 아바 아버지"로 부를 수 있는 특권이 성도들에게 주어져 있는데, 이와같은 특권이 주어진 근거가 바로 성자 하나님의 사역이기 때문에 사도신경은 곧 성자 하나님에 관한 고백으로 넘어갑니다.

성자 하나님은 성부 하나님의 외아들이라고 고백되고 있는데, 여기서 "외"라는 말은 독특하다는 뜻으로서, 두 가지 점에서 성자 하나님은 독특합니다. 첫째로, 성자 하나님은 어느 인간에게서도 유례를 찾을 수 없는 성부의 각별한 사랑을 받는다는 점에서 독특하고, 둘째로, 성부로부터 낳은 유일한 아들로서 성부와 본질이 같은 하나님이라는 점에서 독특합니다.

성자 하나님은 예수 그리스도라고 불리워지는데, 예수는 성자 하나님이 인간이심을 뜻하며, 그리스도는 하나님이심을 뜻합니다. 하나님이신 그리스도는 우리에게 하나님의 계시의 말씀을 전해주신 선지자요, 자기의 몸을 희생제물로 드려서 인간들이 사죄함을 받고 구원받을 수 있는 길을 여신 대제사장이요, 말씀과 성령을 통하여 성도들을 다스리시며 보호하시는 왕이십니다. 사도신경은 인간이신 예수께서 곧 그리스도임을 고백합니다.

사도신경은 인간이신 예수의 생애를 "탄생, 수난, 그리고 죽음"으로 압축하여 고백합니다. 예수님은 성령으로 잉태하여 동정녀 마리아에게서 태어나셨습니다. 성령에 의하여 잉태되었으므로 예수는 하나님이시며, 또한 죄가 없으십니다. 그러나 마리아의 몸에서 자양분을 섭취하고 성장하셨으므로 예수는 인간이십니다. 성자 하나님은 우리와 성정이 같은 인간이셔야 했는데, 그 이유는 하나님의 공의는 인류가 범한 죄를 대신 받기 위해서는 반드시 우리와 성정이 같은 인간일 것을 요구하고 있기 때문입니다. 또한 성자 하나님은 죄없으신 하나님이셔야 했습니다. 왜 그렇습니까? 첫째로, 다른 사람을 대신하여 희생제물로 자신을 드리기 위해서는 스스로 죄가 없는 살아있는 생명이어야 했으며, 둘째로, 성부 하나님이 온 인류를 향해 쏟아 부으시는 엄청난 진노를 견뎌내기 위해서는 하나님이셔야만 했기 때문입니다.

성령으로 잉태되어 태어나신 예수님은 공생애가 끝나갈 무렵 대제사장 가야바와 빌라도의 재판을 통하여 사형선고를 받음으로써 인간들로부터 버림을 받으셨을 뿐만 아니라 십자가 위에서 인류의 죄악에 대하여 심판하시는 성부 하나님의 무서운 심판을 받고 성부 하나님으로부터도 버림을 받으셨습니다. 그러나 이처럼 예수님이 십자가 위에서 우리의 죄를 대신 지시고 죽임을 당하시는 그 순간 성전의 휘장이 찢어짐으로써 비로소 인류구원의 길이 열리게 되었습니다.

십자가 위에서 죽으신 예수님이 장사지낸 바 되었다가 사흘만에 다시 살아남으로써 그리스도로서의 생애가 시작되었습니다. 사도신경은 예수님이 죽으셨을 뿐만 아니라 장사지낸 바 되었다는 고백을 첨가함으로써 예수님의 죽으심을 보다 더 분명히 한 후에 예수님이 죽음을 이기고 부활하심으로써 예수님의 완전하고 흠없는 의로움이 죽음의 권세와 대결하여 승리를 거두었음을 선언합니다. 예수님의 부활은 예수님을 믿는 모든 성도들의 부활을 예고합니다.

부활하신 예수님은 하늘로 승천하심으로써 본격적인 천상의 그리스도의 생애를 시작하셨습니다. 그리스도의 승천은 몇가지 중요한 의미를 지니고 있습니다. 그리스도의 승천은 예수님이 하나님 나라의 왕으로 오르셨음을 의미합니다. 또한 그리스도의 승천은 이후로는 예수님이 육체의 형태로 이 세상에 계시지 않을 것을 예고합니다. 그러나 이처럼 예수님이 육체의 형태로 이 세상에 계시지 않는 이유는 세상으로부터 떠나기 위함이 아니라 성결의 영의 형태로 이 세상 어느 곳에나 임재하시기 위한 것입니다. 따라서 이후부터는 예수님이 구원사역을 주도하는 시대가 끝나고 성결의 영의 형태로 임재하시면서 성령께서 하시는 사역 곧, 구원사역을 적용하는 일을 성결의 영이신 성자 하나님이 돕는 시대가 될 것임을 예고합니다. 동시에 교회를 대리자로 삼고 일하시는 교회의 시대가 시작될 것을 예고하고 있기도 합니다.

승천하신 예수님은 하나님의 우편에 앉아 계신다고 사도신경은 고백합니다. 예수님이 하나님의 우편에 앉으신다는 것은 이제 우주의 왕으로서 왕권을 행사하신다는 것을 의미합니다. 우주의 왕으로 오르신 예수님은 하나님 나라의 왕으로서, 하나님 나라의 법에 따라서 통치하시는데, 이와같은 예수님의 통치는 사탄의 통치와 대립됩니다.

등불이 침상 밑이나 말 아래 감추어져 있듯이 사람들의 눈에 드러나지 않던 예수님의 왕권과 예수님의 왕국인 하나님의 나라는 예수님의 재림 때가 되면 그 권능과 영광을 만천하에 드러낼 것입니다. 역사가 끝나는 날이 될 예수님의 재림의 날에 인류역사의 모든 과정이 낱낱이 준엄하고 추상과 같은 하나님의 심판을 받게 될 것입니다. 그러나 이 날은 성도들에게는 한없는 위로와 은혜의 날이 될 것인데, 그 이유는 오직 값없이 그리고 은혜로, 그리스도의 완전한 의로움에 힘입어 성도들은 심판을 통과하고 구원을 받게 될 것이기 때문입니다.

성자 하나님에 대하여 3분의 2 이상의 긴 분량을 할애하여 고백한 사도신경은 이제 성령 하나님에 관한 고백으로 넘어갑니다. 성령 하나님에 관한 고백은 "성령을 믿는다"는 짧은 한 문장으로 되어 있으나, 이후에 등장하는 모든 고백들은 성령 하나님이 예수님의 구속사역을 성도들에게 적용하는 과정에서 일어나는 사건들로서 사실상 모두 성령의 사역들입니다.

성령은 성부 하나님이 주도하신 창조와 섭리사역에 참여하셨습니다.

이것을 성령의 일반적인 사역이라고 합니다. 따라서 우리는 창조세계안에서도 성령의 빛을 만날 수 있습니다. 그런데 성령의 일반적인 사역은 죄문제를 해결하지 못하고 인간을 하나님 앞에 의로운 존재로 세울 수 없습니다. 이 때문에 성령의 특별한 사역이 필요하게 됩니다. 성령의 특별한 사역은 성자 하나님이 이룩하신 구속사역을 성도들에게 적용하는 과정에서 일어나는 사역을 가리킵니다.

성령의 특별한 사역의 첫 단계는 성령세례입니다. 성령세례는 예수 그리스도를 우리의 구주로 영접하는 순간 성령께서 우리의 깊은 속사람 안에 들어 오셔서 우리의 죄를 씻어 주시고 우리의 영혼을 거듭나게 하고 우리를 하나님과 연합시키는 사역을 말합니다. 이 사역은 오직 성령의 주권적인 작용을 통해서, 은혜로 단번에 이루어집니다. 성령의 세례를 받은 사람에게는 계속해서 성령의 충만이 약속되어 있습니다. 성령의 세례를 받은 자가 성령의 능력을 사모하고 구할 때, 생수의 근원으로 우리 안에 내주하시는 성령께서 충만하게 능력을 부어 주셔서 우리의 삶을 활기찬 삶으로 바꾸어 놓습니다. 성령이 충만한 자는 인내와 수고로서 사랑을 실천하는 열매를 거두게 되며, 하나님을 찬양하되 홀로 찬양할 뿐만 아니라 성도들과 함께 찬양하게 되며, 성도들의 말에 순종하는 태도를 갖게 되며, 말씀에 순종합니다. 성령의 열매가 성령이 충만히 임할 때 성도들 개인의 신앙생활에서 나타나는 결과라면, 이제 성령이 충만한 교회에는 다양한 은사들이 주어져서 교회를 세워 갑니다.

성령의 은사들은 그 종류가 무한히 다양합니다. 방언이나 귀신을 쫓아내는 것이나 병을 고치는 것과 같은 초자연적 은사가 있는가 하면, 다스린다거나 돕는 것이나 구제하는 것과 같은 자연적인 은사도 있습니다. 사도나 선지자나 예언의 은사처럼 신약시대에는 있었다가 후에는 없어진 은사가 있는 반면, 찬양의 은사라든가 기계나 컴퓨터 조작능력과 같이 시대의 필요에 따라서 첨가된 은사도 있습니다. 이와같은 다양한 은사들이 유기적인 한 몸인 교회의 요소요소에 배치되어서 교회를 세워 갑니다.

성령의 특별한 사역을 통하여 거듭난 성도들이 모여서 공동체를 형성하게 되는 데, 이것을 교회라고 부릅니다. 사도신경은 먼저 교회를 거룩한 공동체로 고백합니다. 교회는 서술적인 의미에서 이미 거룩한 공동체라고 불리워질 수 있는데, 이때는 거룩의 근거가 십자가에 달리신 예수 그리스도의 완전한 의로움과 흠없음에 있고 또 성령에게 있습니다. 그러나 성도들의 겉사람 속에 여전히 남아 있는 부패와 죄의 잔재 때문에 교회는 규범적으로 여전히 거룩하라는 명령을 받습니다.

교회는 또한 보편적인 또는 하나된 교회라고 고백됩니다. 교회가 서술적인 의미에서 하나라고 고백되는 이유는 하나됨의 근거가 말씀을 통하여 계시된 예수 그리스도에게 있기 때문입니다. 이처럼 서술적인 의미에서 하나인 교회는 하나가 되라는 규범적인 명령을 계속해서 받게 되는데, 그 이유는 지역교회들은 신학적인 이유나 전도지역상의 이유와 같은 건전하고 하나님의 뜻의 다양성을 드러내는 분열 이외에도 정치경제적인 이권이나 지방색이나 인종 등에 기인한 건전치 못한 분열의 모습을 보일 때가 있기 때문입니다.

사도신경은 계속해서 교회는 연합체임을 고백합니다. 교회가 연합체라는 말은 많은 원자들을 무질서하게 모아놓은 어떤 집합체가 아닌 하나의 유기적인 생명체임을 뜻합니다. 이 유기적인 생명체 안에서 성도들은 나이와 출신과 학력과 빈부와 계급을 뛰어넘어 모든 성도들을 유기적인 몸의 지체로 존중하고 아끼는 교제를 나누어야 합니다.

사도신경은 성령의 특별한 사역을 통해서 이루어진 교회공동체에 관하여 고백한 뒤에 비로소 성도 개개인에게 임하는 특별한 사역을 고백합니다. 첫 번째 사역은 죄를 사해 주는 사역입니다. 여기서 말하는 죄는 인간들이 스스로 범한 죄도 가리키지만 다른 한편으로는 아담으로부터 온 인류에게 전가되어 온 인류를 태어나기 전부터 운명적으로 죄인의 굴레 속에 갇히게 하고 또한 사망의 형벌을 받게 한 원죄를 말합니다. 그런데 우리가 예수 그리스도를 우리의 구주로 영접하는 순간 이 죄가 십자가에 달리신 예수 그리스도에게로 다시 전가되고, 예수 그리스도께서 이루신 완전한 의로움이 우리에게 또 다시 전가되어서 우리는 이 의로움을 힙입고 하나님 앞에서 의로운 자로 서게 되며, 우리의 속사람 속에 또아리를 틀고 있던 죄의 세력은 뿌리가 뽑히고, 우리의 영혼은 그 속사람으로부터 거듭나게 됩니다.

죄를 사함받음으로써 영혼이 거듭난 성도들에게는 장차 몸까지도 다시 사는 약속이 주어집니다. 모든 인간은 신자나 불신자를 막론하고 부활하여 하나님의 심판대 앞에 서게 되는데, 바로 이 하나님의 심판대 앞에 섰을 때, 우리를 감싸고 있는 예수 그리스도의 완전한 의의 옷은 하나님의 불같고 추상과 같은 심판으로부터 우리를 보호하여 영생의 나라로 인도할 것이며, 이 영생의 나라에서 우리는 생명의 근원이신 삼위 하나님과 영원토록 함께 거하면서, 날마다 새롭게 다가오시는 삼위 하나님을 또한 날마다 새롭게 감동하는 마음으로 찬양하는 삶을 누리게 될 것입니다.

소리내어 믿음을 고백해야 하는 이유들

지금까지 우리는 그동안 배운 내용의 핵심을 총정리했습니다. 이제 마지막으로 우리가 매주일 입을 열고 소리를 내어서 **사도신경**을 고백해야 하는 이유를 간단히 생각해 보겠습니다.

먼저, 오늘 우리가 읽은 로마서 본문은 **마음으로 믿**을 것과 아울러 입으로 시인할 것을 말하고 있습니다. "사람이 마음으로 믿어 의에 이르고 입으로 시인하여 구원에 이르느니라." 여기서 마음은 인간의 내면의 세계를 가리키고 입은 인간의 외면의 세계를 가리킵니다. 따라서 이 말은 우리의 신앙을 고백할 때 우리의 전 인격을 드려서 겉과 속이 서로 위선되거나 분열됨이 없는 통일된 마음으로 주님을 향한 신뢰와 사랑을 표현하라는 뜻입니다. 생각 따로 말 따로 하지 말고 마음속으로 믿으면 그 생각을 그대로 말로도 표현하는 훈련을 하라는 것입니다. 그렇게 함으로써 우리의 인격과 행동과 삶 전체를 드려서 신앙을 고백하라는 것입니다.

두번째로, 이 표현은 사실상 우리를 주님을 위하여 고난받는 길로 초청하는 권고입니다. 요한복음 9장 22절이나 12장 45절을 보면 예수님 당시에 많은 사람들이 예수님을 마음으로 믿으면서도 유대교로부터 쫓겨나는 것이 두려워서 입으로 고백하는 일을 두려워했습니다. 예수님은 이런 태도를 보여주는 사람들을 향하여 이렇게 경고합니다. "내가 또 너희에게 말하노니 누구든지 사람 앞에서 나를 시인하면 인자도 하나님의 사자들 앞에서 저를 시인할 것이요 사람 앞에서 나를 부인하는 자는 하나님의 사자들 앞에서 부인함을 받으리라." 사도 바울이 권고를 하던 때도 역시 공중앞에서 고백하는 것은 곧 핍박을 받고 때로는 신앙고백 때문에 순교를 당하게 되는 것을 의미했습니다. 따라서 사도 바울이 마음으로 믿을 뿐만 아니라 입으로 시인하라고 권고하는 것은 곧, 주님을 진정으로 믿고 사랑한다면 주님을 위하여 핍박과 고난과 때로는 순교를 당하는 것을 두려워하지 말라는 뜻입니다. 곧, 이 권고는 주님을 위한 고난을 받는 길로 우리를 초청하는 것입니다. 주님을 위하여 고난과 핍박과 때로는 순교가 바라보이는 상황에서도 너희는 사람들 앞에서 주님을 향한 믿음과 사랑을 과연 고백할 수 있느냐? 이렇게 사도 바울은 지금 우리에게 묻고 있는 것입니다.

셋째로, 주님을 향한 우리의 마음을 자주자주 표현하는 것은 주님에게 우리의 마음을 더 잘 알릴 뿐만 아니라 또 우리의 마음이 흩트러졌을 때 우리의 마음을 다시 주님께로 집중하게 하는 경건훈련으로서 매우 유익합니다. 우리의 인간관계에서도 서로 아끼고 사랑한다면, 그 마음을 자주 자주 상대방에게 알리고 표현하는 것이 좋습니다. 상대방에 대한 신뢰와 사랑을 마음속에 신실하고 곱게 간직하는 것도 중요하지만 그 마음을 자주자주 적절한 방법을 통해서 표현함으로써 신뢰와 사랑이 한층 더 견고해지고 또 자라나게 됩니다. 왜냐하면 인간은 마음에 의하여 형식이 좌우되기도 하지만 형식에 의해 마음이 좌우되기도 하는 존재이기 때문입니다. 그러므로 우리는 자주자주 우리의 입을 열어서 주님을 향한 우리의 믿음과 신뢰와 사랑을 또렷또렷하게 고백함으로써 주님을 향한 우리의 사랑을 확인하고 흩트러졌던 마음을 다시 가다듬고 또한 주님을 향한 우리의 마음이 자라나는 유익이 있음을 기억해야 할 것입니다.